Cómo manifestar

LACY PHILLIPS

Cómo manifestar

Una fórmula respaldada por la neurociencia para crear la vida que deseas

Traducción de
Teresa Jarrín Rodríguez y
M.ª del Puerto Barruetabeña Diez

Grijalbo

Papel certificado por el Forest Stewardship Council®

MIXTO
Papel | Apoyando la silvicultura responsable
FSC® C117695

Penguin Random House Grupo Editorial

Título original: *How to Manifest*

Primera edición: noviembre de 2025

Printed in Spain – Impreso en España

ISBN: 978-84-253-6839-4
Depósito legal: B-14.571-2025

Compuesto en Promograff - Promo 2016 Distribucions

Impreso en Liberdúplex
Sant Llorenç d'Hortons (Barcelona)

GR 6 8 3 9 4

A mi abuela Sue, mi primera ampliadora,
que me enseñó que podía hacer y ser
cualquier cosa que me propusiera

Índice

Introducción

El verdadero secreto de la manifestación

Me hice experta en manifestación por accidente. Soy una chica normal de una ciudad pequeña de California. Cuando nací, mis padres tenían veinte años y estaban sin blanca (él era vaquero y ella paramédica). No fui a la universidad. No hay nada especial ni en mi persona ni en mis circunstancias. O más bien debería decir: no soy más especial que nadie.

No sé por qué el universo me eligió para canalizar el proceso de manifestación neural basado en resultados que estás a punto de aprender a través de mí. Pero así fue, y me ha permitido manifestar en mi vida literalmente todo lo que he querido a lo largo de un periodo de ocho años. Y por todo me refiero a un compañero de vida, una familia, un negocio y un grado de abundancia económica que nunca creí posible ni mucho menos presencié mientras crecía.

No estoy exagerando ni tampoco tengo intención alguna de presumir. Lo que quiero es que sepas que tú puedes lograr exactamente lo mismo al margen de tus antecedentes o de las circunstancias de tu vida actual. Este método funciona para cualquier persona de cualquier estilo de vida. Es para todo el mundo.

De hecho, el método nació en un momento en el que yo estaba tocando fondo, a punto de cumplir treinta años y habiendo puesto fin, con mucho dolor, a la relación más larga en la que había estado nunca. Me tocaba empezar de nuevo a los treinta años y ya dudaba de que fuera encontrar el tipo de pareja con quien tener la familia que tanto deseaba.

También había experimentado problemas económicos toda mi vida. Esa parte no era nueva, pero tampoco estaba mejorando lo más mínimo. Nada en mi vida parecía ir a mi favor. La mayor ironía era que llevaba ya más de una década «manifestando». En realidad, así lo creía yo, pero resultó que estaba haciéndolo mal.

Durante años había estado aplicando las técnicas de manifestación que te dicen que pienses positivamente, que «lo finjas» hasta que lo consigas, que penetres en el «vórtice» (a saber qué es eso), que captes la vibración, etcétera. Lo que yo no sabía era que no se trataba más que de supersticiones y formas de evitación de lo espiritual, es decir, rodeos para no afrontar tu verdad mediante la espiritualidad, invitándote a declarar que todo es perfecto, cuando no es así.

Pues bien, ya no podía fingir más tiempo que todo era perfecto. Mi vida era demasiado desastrosa. Así que empecé a canalizar mis propias experiencias, buscando comprender lo que me había llevado a conectar con manifestaciones en el pasado y lo que no (esto último, más a menudo). Mis descubrimientos cambiaron mi vida entera y todo lo que sabía sobre la manifestación.

Lo que aprendí fue que el verdadero secreto de la manifestación es el siguiente: «No manifestamos a partir de los pensamientos, sino de las creencias subconscientes». En esencia, exactamente lo opuesto de lo que propugnan la mayoría de los procesos de manifestación que conozco. Mientras que esos otros procesos te enseñan a gestionar tus pensamientos para que sean positivos, yo voy a enseñarte cómo transformar tus creencias subconscientes sobre lo que te mereces y lo que no, y sobre lo que te es posible. Vas a reconfigurar tu mente subconsciente para que se corresponda con tus deseos más auténticos. Y así es exactamente como vas a poder atraer a tu vida lo que deseas.

No se trata solo de otra técnica más de manifestación. Lo he llamado «manifestación neural» porque constituye un proceso refrendado por la neurociencia, la psicología, la epigenética y la energética (todo ello espolvoreado con un poco de espiritualidad). Después de desarrollar el método, reuní a un equipo de neurocientíficos, psicólogos y terapeutas prominentes para darle el mayor fundamento científico y la mayor efectividad posibles. El proceso de manifestación neural resultante se basa en elevar la autoestima y acceder a tu autenticidad única reprogramando las creencias limitantes subconscientes que fuiste desarrollando durante la infancia y a lo largo de tu vida. De esta manera, lograrás reforzar vías neuronales de alta autoestima que estén alineadas con las manifestaciones que quieras producir.

Al practicar el método que te propongo en este libro, cambiará de tal manera el modo en que te presentes ante el mundo y el nivel de autoestima que proyectes que podrás conectarte con lo que realmente deseas y te mereces. Este proceso no es para las personas que quieran evitar el trabajo espiritual de afrontar su verdad interior. Es para quienes deseen acceder a su valía, vivir en auténtica consonancia con quienes son realmente y, por último, manifestar todo lo que deseen.

Tras desarrollar este proceso, comencé a enseñarlo individualmente a amigos y clientes. Como su vida se transformaba, sus amigos y familiares empezaron a contactar conmigo. Pronto, se creó una tribu enorme de miles de «manifestadores neurales» que vivían la vida de sus sueños, y la lista de espera para trabajar conmigo y aprender el proceso pasó a ser de dos años.

Creé un programa de suscripción online llamado To Be Magnetic (TBM) para poder ayudar a más personas de las que nunca habría podido individualmente. Y, como ahora ya no me es posible trabajar con clientes privados, he escrito este libro para llegar aún a más gente, incluido tú.

Este método ha transformado la vida de decenas de miles de miembros de TBM en más de 182 países. Según una encuesta reciente entre los suscriptores, un 93 por ciento manifestó alguna cosa de importancia a los seis meses de iniciar el programa. El método funciona, y estoy encantada de que ya formes parte de nuestra comunidad. Al elegir este libro, estás subiéndote al asiento del conductor de tu vida para manifestar todo aquello que más se corresponda con tu yo auténtico, incluidas experiencias y relaciones.

Te doy mi más calurosa bienvenida si eres nuevo en esta comunidad. En este libro explicaremos todos los pasos del proceso de manifestación neural y te enseñaré exactamente cómo manifestar aquello que desees. Si ya formas parte de la comunidad TBM, en esta obra encontrarás nuevas historias, puntos de vista y ejercicios para fortalecer aún más tu práctica.

Lo único que te pido antes de empezar es que aparques cualquier otra forma de manifestación que hayas aprendido antes. Con este libro vamos a ver paso a paso mi método de manifestación neural, que es radicalmente distinto y está refrendado científicamente por la doctora Tara Swart, nuestra asesora en neurociencia y psiquiatría, y nuestra terapeuta titulada de EMDR, Janelle Nelson.

La fórmula de la manifestación neural se sustenta en tres pilares principales. El primero es ampliar el subconsciente para que puedas creer que tus manifestaciones son posibles. El segundo es desbloquear las creencias limitantes que están interfiriendo en lo que quieres manifestar. Y el tercero, actuar alineado con tu yo auténtico, cocreando con el universo para llevar esas manifestaciones a tu vida. Estos tres pasos deben estar en marcha a la vez. Cuando lo logres, tu capacidad de manifestar no tendrá límites.

A lo largo de este viaje volverás a conectarte con tu yo auténtico, que es la esencia de tu alma, la versión de ti que llegó perfecta y completa a este planeta antes de que experimentases cualquier tipo de programación negativa, dolor, trauma, culpa o condicionamiento. Vas a aprender a eliminar todos esos condicionamientos negativos y a volver a encontrarte con quien eres realmente al nivel del alma: tu yo auténtico. Este proceso genera un magnetismo que atrae hacia ti las manifestaciones. Dicho con otras palabras, tu yo auténtico es tu yo magnético.

También aprenderás a elaborar la lista de manifestaciones más efectiva, cómo responder a las pruebas que te presenta el universo con una actitud de alta autoestima y cómo conectar con tu intuición, que te ayudará a llegar más rápido adonde quieres. Así es como podrás manifestar cualquier cosa que desees de verdad, tanto si es amor como dinero, una nueva carrera, amistades, oportunidades de viajar, un nuevo hogar o cualquier otra cosa.

Sí, tus manifestaciones pueden ser materiales. No es malo querer cosas. Sin embargo, muchos miembros de nuestra comunidad descubren que, cuando se ponen a trabajar con este método, esas manifestaciones materiales son solo la guinda del pastel, la que adorna el regalo auténtico, que son las manifestaciones no materiales, es decir, las que no puedes ver pero sí sentir e irradian de ti cuando entras en una estancia, como una confianza interior verdadera, autenticidad, plenitud, empatía o libertad.

Aunque este método funciona para todo el mundo, hay que recordar que existen sistemas de opresión, injusticia, marginación y abuso que están fuera de nuestro control. Ten claro que tú no has hecho nada para atraer esas situaciones negativas: no son culpa tuya. No estoy ni mucho menos insinuando que estés atrayendo negatividad o recibiendo algún tipo de castigo a través de esos sistemas, situaciones o acontecimientos. No has atraído opresión ni abuso. Te mereces estar a salvo y disfrutar de libertad y respeto, y, si has vivido alguna de las experiencias que acabo de mencionar, mi mayor esperanza es que este libro te ayude a empoderarte.

Empieces por donde empieces o hayas pasado por lo que hayas pasado, la verdad es que cualquier persona puede manifestar. He presenciado milagros, y leerás muchas de esas historias y ejemplos a lo largo del libro. Espero que te resulten tan inspiradores como a mí, y que te ayuden a ampliar tu subconsciente para que veas lo que es verdaderamente posible. Si esas personas pudieron manifestar, tú también puedes.

Me hace mucha ilusión empezar este viaje contigo, y estoy deseando ver qué es lo que logras manifestar. Te encuentras oficialmente en el camino que te llevará a desbloquear tus creencias limitantes, a conectar con tu yo auténtico y a manifestar la vida que deseas y mereces de verdad. ¡Enhorabuena!

PUNTOS CLAVE

- ✓ El verdadero secreto de la manifestación es que no manifestamos a partir de los pensamientos, sino de las creencias subconscientes. Los métodos que se basan en supersticiones, en pensar en positivo y que evitan la espiritualidad no tienen nada que ver con la manifestación.
- ✓ La manifestación neural es un método patentado y respaldado por la neurociencia, la psicología, la epigenética y la energética (y espolvoreado con un poco de espiritualidad).
- ✓ Tu yo auténtico es la esencia de tu alma: la versión de ti que llegó perfecta y completa a este planeta antes de que experimentaras cualquier tipo de programación negativa, dolor, trauma, culpa o condicionamiento.

✓ Existen sistemas de opresión, injusticia, marginación y abuso que se encuentran fuera de tu control; si has experimentado alguna situación propiciada por ellos, ten en cuenta que no has hecho nada para atraerlos a tu vida y que no es culpa tuya.

MOMENTO MAGNÉTICO:
Ejercicio de intenciones

A lo largo del libro habrá preguntas, instrucciones, ejercicios y listas que te guiarán por cada paso del proceso TBM. Te recomiendo que lo vayas recogiendo todo en un diario. También habrá «momentos magnéticos»; piensa en estas preguntas y ejercicios como si fuesen créditos extra que te permitirán llegar aún más lejos en el proceso de manifestación.

Ahora que ya vamos a comenzar, examinemos tus intenciones.

Escribe en el diario las respuestas a las siguientes preguntas. Más adelante, las respuestas te servirán para saber dónde estabas cuando empezaste en este viaje.

- ¿Qué te ha traído a este libro? Por ejemplo:
    - o Me lo ha recomendado un amigo o un ser querido.
    - o He vivido un acontecimiento trascendental en mi vida (la ruptura de una relación o un divorcio, un despido, etcétera).
    - o Me interesa el desarrollo personal.
    - o Quiero aprender a manifestar.
- ¿Cómo te sientes respecto a tu vida ahora mismo? Por ejemplo:
    - o Me siento bien y quiero seguir en este fluir.

- o Estoy bien, pero he notado algunos comportamientos de autosabotaje.
- o Estoy estancado/a, insatisfecho/a con algunos aspectos de mi vida, pero en general no estoy mal.
- o Estoy tocando fondo y no sé cómo salir de ahí.

- ¿Qué esperas conseguir con este libro? Por ejemplo:

  - o Identificar mis bloqueos y creencias limitantes.
  - o Controlar cómo me presento ante el mundo.
  - o Encontrar mi autenticidad.
  - o Manifestar la vida de mis sueños.

- ¿Cómo te sientes en el momento de empezar este libro? Por ejemplo:

  - o Con ilusión por empezar a trabajar.
  - o Intrigado/a pero escéptico/a.
  - o No suelo interesarme por este tipo de cosas, pero ¿por qué no probar?

1

La ley de la atracción es la autoestima subconsciente

Cuando estaba a punto de cumplir veinte años, la verdad es que mi vida era un desastre. Vivía en Los Ángeles, aspiraba a ser actriz y subsistía con trabajos esporádicos de camarera y recepcionista. Cuando no trabajaba, me dedicaba a ir a castings, asistía a clases de interpretación, leía libros sobre esa materia, veía películas de cine clásico para formarme o practicaba escenas con compañeros de clase. Comía, dormía, vivía y respiraba con un solo propósito: ser actriz.

Estaba contenta del esfuerzo que ponía en mi incipiente carrera interpretativa y había señales prometedoras. Estuve muchas veces a punto de conseguir papeles decentes, pero, tras varias rondas de castings, nunca lo lograba. Ocurría a menudo que quedábamos seleccionadas otra persona y yo para el papel, pero al final siempre lo conseguía esa otra persona, no yo. Estaba empezando a sentirme como un hámster dando vueltas sin cesar en una rueda que no iba a ninguna parte.

Ese año, por mi cumpleaños, mi madre me regaló una consulta con una vidente, a la que expliqué mi situación. Desesperada, le pregunté si iba a conseguir ganarme la vida con la interpretación. Su respuesta fue recomendarme el libro *El juego de la vida y cómo jugarlo*, de Florence Scovel Shinn, publicado por primera vez en 1925. «Sigue este libro al pie de la letra —me dijo— y serás capaz de manifestar todo lo que quieras».

Supongo que podría decirse que, de manera muy indirecta, aquella vidente acertó.

Me fui al estudio cutre donde vivía y que compartía con gran número de cucarachas, y me enfrasqué en aquel libro. Me inspiró tanto que durante los años siguientes me sumergí de lleno en el mundo de la manifestación. Leí todos los libros de manifestación habidos y por haber, elaboré paneles de visualización, hice visualizaciones, repetí afirmaciones, me aseguraba de estar siempre pensando de manera positiva, etcétera, etcétera. Me convertí en adicta de la manifestación y seguí todos los pasos que se explicaban en aquellos libros.

Había solo un problema: no lograba manifestar. De hecho, mi vida no hizo más que empeorar. A los veintitrés años, cuando solo llevaba tres embarcada en el viaje de la manifestación, sufrí la peor crisis de mi vida.

Al conocer a quien sería mi pareja, él llevaba actuando solo unos meses, así que lo acogí bajo mi ala. Le enseñé todo lo que yo había aprendido sobre el sector audiovisual y la interpretación. Al llegar la temporada de los episodios piloto, cuando las productoras empezaban a hacer las pruebas de reparto, se presentó a su primer casting de televisión y consiguió el papel. De la noche a la mañana se convirtió en un ídolo adolescente y empezó a ganar cantidades exorbitantes de dinero. En la misma época, yo superé siete pruebas para un papel importante en una película, pero el director acabó descartándome en el último momento. Volvía a sucederme lo mismo de siempre.

Mi pareja, ya famoso y recién coronado por el éxito, me dejó y empezó a salir con alguien que, en mi opinión, era como una versión más bonita de mí. En aquella época yo trabajaba de camarera en el Laugh Factory, el famoso club de comedia de Sunset Boulevard. Mi ex y su nueva novia iban por allí a menudo y yo tenía que servirles. Fue algo de lo más humillante, la verdad. Considero que ese fue uno de los momentos más bajos y difíciles por los que he pasado en mi vida y, desde luego, el más duro para mi ego.

Había trabajado mucho en la manifestación y estaba entregada al proceso, pero no estaba funcionando y mi vida era un auténtico desastre. ¿Cómo era posible?

¿Crean nuestros pensamientos la realidad que vivimos?

«Tus pensamientos crean la realidad que vives» es una frase que, de tantas veces repetida, se ha convertido en una especie de cliché. Esta afirmación es también la base de la mayoría de las técnicas de manifestación que seguí durante aquellos primeros años. Pero ¿de dónde viene esa idea?

En el siglo XIX, Helena Blavatsky presentó en su libro *Isis sin velo* lo que llamó la «ley de la atracción». Esta ley declara básicamente que los pensamientos positivos atraen resultados positivos a nuestra vida, y que los pensamientos negativos atraen resultados negativos. Parece simple, ¿verdad?

Desde entonces, muchos otros autores y líderes espirituales han explicado su versión ligeramente distinta de la ley de la atracción. Florence Scovel Shinn, que escribió el primer libro sobre manifestación que leí en mi vida, afirmaba que las palabras que pronunciamos poseen su propia vibración y tienen la capacidad de modelar la realidad que vivimos. Ella fue, además, una de las primeras personas en enseñar sobre las afirmaciones positivas.

Posteriormente, a mediados del siglo XX, Neville Goddard desarrolló y divulgó una versión modificada de la ley de la atracción, a la que llamó «ley de la asunción». Según ella, lo que crees o asumes como voluntad verdadera se acaba haciendo realidad. Goddard enseñaba a sus seguidores a «vivir en el final o en el deseo cumplido», actuando como si los deseos ya se hubieran manifestado.

Muchos de los expertos más recientes en manifestación, incluidos Wayne Dyer y Louise Hay, han recibido en mayor o menor medida la influencia de esos primeros maestros. Todos enseñan una u otra versión de la ley de la atracción y trabajan con afirmaciones positivas, paneles de visualización y otras técnicas cognitivas con las que controlar los pensamientos y las palabras a fin de manifestar la vida que se desea.

Vaya por delante todo mi respeto a esos expertos. El problema, sin embargo, es la premisa principal sobre la que basan sus enseñanzas. La razón por la que no me funcionó ninguno de esos métodos es porque la manifestación no se produce a partir de los pensamientos conscientes, las palabras que pronunciamos o las imágenes de los paneles de visualización. Vestirnos con la ropa propia del trabajo al que aspiramos no va a lograr que consigamos ese puesto; tampoco limitarse a actuar como si ya tuviéramos pareja va a traer a nuestra vida a la persona que buscamos.

Los pensamientos positivos son buenos, y tienen su valor propio. Pero en sí mismos no traen cosas positivas a nuestra vida. Y los pensamientos negativos, por suerte, tampoco traen hechos negativos. Durante mucho tiempo yo creí lo contrario y empecé a tener miedo de arruinarme la existencia cada vez que me venía a la mente, sin querer, un pensamiento negativo. Sufrí mucha ansiedad. En la vida hay altibajos que son naturales, y es sano y normal que también los haya en nuestros pensamientos, sentimientos y emociones. Nadie puede pensar en positivo todo el tiempo, y pensar en positivo no tiene nada que ver con la capacidad de manifestar.

¿O es el subconsciente el que crea la realidad que vivimos?

Tras la pérdida simultánea de mi pareja y de un posible papel protagonista, empecé a cuestionarme todas estas técnicas de manifestación supersticiosas de la vieja escuela. Tenía que idear una manera concreta de salir del agujero en el que estaba metida. En mis horas libres empecé a ir a la playa con un diario. Al principio me dedicaba únicamente a buscar patrones que se repitieran en mi vida y escribía en el diario sobre lo que estaba experimentando. Detecté entonces que ciertas dinámicas que se daban en mis relaciones sentimentales tenían su reflejo en experiencias de la infancia. También empecé a descubrir áreas de mi vida en las que creía actuar con confianza, pero, al ahondar, me daba cuenta de que, si de verdad era sincera conmigo misma, sufría de baja autoestima.

Durante aquellos días en que bajaba a la playa a escribir en el diario, comencé a hacerme preguntas, a meditar, a tratar de oír respuestas procedentes tanto del universo como del fondo de mi alma. Escribí en el diario sobre las partes de mí misma de las que, en secreto, me sentía avergonzada; sobre los mensajes que recibía de pequeña (algunos de los cuales ni siquiera recordaba al principio), y sobre las creencias limitantes que nunca me había dado cuenta de que estaban frenando mi avance. Empecé a hacer conexiones entre todas estas cosas y las manifestaciones que había sido incapaz de producir.

Al trabajar con esas creencias limitantes y esas áreas de baja autoestima, empezaron a darse por fin algunas manifestaciones.

Se me encendió en la cabeza una bombilla de tamaño colosal. Me percaté de que nuestros pensamientos conscientes no tienen en realidad nada que ver con nuestra capacidad de manifestar. Son nuestras creencias subconscientes —aquellas de las que ni siquiera somos conscientes— las que o bien atraen manifestaciones a nuestra vida o bien nos impiden conectarnos con ellas. Es decir, todos los paneles de visualización, pensamientos positivos y afirmaciones del mundo no te ayudarán a manifestar si no desentierras y cambias tus creencias limitantes subyacentes, al igual que tampoco me ayudaron a mí.

Las creencias subconscientes que nos darán la llave de la manifestación están relacionadas con la autoestima, o sea, con aquello que creemos que nos merecemos tener o no en nuestra vida. Dicho con otras palabras: tu grado de autoestima subconsciente sobre cierto aspecto, como el amor y las relaciones, o el dinero y la carrera profesional, es lo que determinará tus manifestaciones en esa área.

De hecho, es muy común que creamos una cosa de manera consciente y la opuesta de manera inconsciente. Podrías tener un pensamiento consciente como «Me merezco un ascenso y una subida de sueldo» y a la vez, subconscientemente, albergar la creencia limitante de que la gente que gana más de cierta cantidad de dinero es avariciosa y mala. Si ese es el caso, adivina: no serás capaz de manifestar el nivel de ingresos que deseas.

La buena noticia —que es, además, muy buena— es que las creencias limitantes que tenemos no son fijas. Podemos cambiarlas. Podemos sustituirlas por creencias de alta autoestima. Al modificarlas, seremos capaces de manifestar cualquier cosa que deseemos verdaderamente. En eso consiste el método de manifestación neural que llevo años desarrollando desde aquellos días de la playa. Este proceso te permite reconfigurar el cerebro y cambiar tu autoestima subconsciente. Así fue como yo logré manifestar todo lo que siempre quise, y exactamente como lo lograrás tú también.

Pensamientos conscientes versus creencias subconscientes

Antes de avanzar, vamos a analizar la diferencia entre los pensamientos conscientes y las creencias subconscientes. A mí me resulta útil pensar en ello como en un ordenador. Los pensamientos conscientes son semejantes a los programas que se ejecutan en el escritorio, como el navegador de internet, el Word, el Excel o el programa de correo electrónico. Estos programas son visibles en la pantalla, los vemos ejecutarse, e interactuamos con ellos directamente. Son como los pensamientos conscientes. Aparecen en el monólogo interno que desarrollamos durante el día e influyen directamente en el comportamiento.

Sin embargo, las creencias subconscientes son como el sistema operativo del interior del ordenador. Su configuración le dice al ordenador qué debe hacer, pero todo ocurre de manera invisible, en segundo plano. No interactúas directamente con él, y lo más seguro es que no sepas siquiera cómo funciona o lo que está haciendo el sistema operativo.

Y aquí viene la parte importante: cuando intentas que el ordenador ejecute un programa que el sistema operativo no reconoce, no funciona, como tampoco funcionará que intentes manifestar algo que no esté en consonancia con tu autoestima subconsciente. El subconsciente le dirá al cuerpo, la mente y el alma que descarte la manifestación como medida de seguridad, igual que el ordenador evitará abrir un programa que no le resulte familiar por si acaso contiene un virus.

Si seguimos con la metáfora del ordenador, podemos imaginar que las creencias subconscientes son como un ordenador antiguo y desactualizado que está siempre mostrando la temida ruedecita que gira para decirte que hay que esperar. Imaginemos que estás tratando de abrir en el navegador una página con una foto de la casa de tus sueños, que quieres manifestar, pero el sistema operativo no está lo bastante actualizado como para que se cargue la web. El sistema operativo no es compatible con el programa que estás tratando de ejecutar. Y, por esa razón, no podrá tener lugar la manifestación.

Eso es justo lo que ocurre cuando la mente consciente y la subconsciente no están alineadas. Crees que quieres algo. Dices que lo quieres. En tu panel de visualización hay decenas de bonitas imágenes representándolo. Pero no se manifiesta. ¿Por qué no? Porque el sistema operativo —tu autoestima subconsciente— no es compatible con ese deseo, e impide que tenga lugar la manifestación.

Mi cliente Alexa experimentó justo este tipo de desconexión.* Cuando comenzamos a trabajar juntas, Alexa llevaba mucho tiempo sin pareja y sentía que estaba lista para tener una relación. Alexa era muy ambiciosa y había cosechado mucho éxito en su carrera. En esa área de su vida no tenía problemas para manifestar. Sin embargo, su vida personal era otra cosa.

Alexa había permanecido soltera muchos años, había vivido experiencias breves con parejas potenciales que o bien no tenían disponibilidad emocional o ya estaban comprometidas con otra per-

* En el libro me referiré a varias historias de clientes con los que he trabajado. La gente me pregunta a menudo si sigo pasando consulta. Ha sido todo un honor trabajar con clientes en consultas individuales, y fue una de las grandes alegrías que experimenté mientras creaba el método TBM, pero ya no me es posible seguir haciéndolo. Esta es una de las principales razones por las que quise escribir este libro: para recrear a mayor escala el trabajo que hacía con mis clientes a fin de que pudiera servirle a cualquier persona, en cualquier lugar.

sona. Ahora quería un tipo muy específico de relación, con alguien plenamente disponible para ser un compañero sentimental amoroso y comprometido. Eso era lo que estaba intentando manifestar.

Sin embargo, pasaban los meses y no aparecía ningún posible candidato. Como es lógico, Alexa se sentía frustrada. Estaba incluso empezando a sentir que quizá debía abandonar aquel empeño y volver con su ex, que no quería comprometerse emocionalmente.

Antes de trabajar juntas, Alexa creía que estaba haciéndolo todo bien. Pensaba de manera positiva, tenía un panel de visualización lleno de imágenes de parejas felices y escribía diariamente afirmaciones sobre su pareja ideal. Pero la pareja seguía sin aparecer.

Como seguramente habrás adivinado, el problema real no estaba en los pensamientos conscientes de Alexa, sino en sus creencias subconscientes. En nuestras conversaciones, le pedí a Alexa que reflexionara sobre el matrimonio de sus padres. Al principio, Alexa estaba segura de que sus padres habían vivido una relación feliz que había constituido un modelo sano para ella cuando era pequeña. Insistía en que no tenía ninguna creencia subconsciente negativa sobre las relaciones que estuviera entorpeciendo la manifestación a la que aspiraba.

Sin embargo, al ahondar más, Alexa comenzó a hablar sobre el hecho de que su madre era ama de casa y nunca se había labrado una carrera fuera del hogar. Aunque su madre siempre parecía bastante feliz, Alexa creció viéndola en casa, atendiendo las necesidades de su padre. Para ella, aquello había sido confirmatorio. Nos dimos cuenta de que, subconscientemente, Alexa seguía creyendo que una relación comprometida, sobre todo para una mujer, era como una prisión.

Esta creencia subconsciente sobre las relaciones era la rueda que giraba todo el tiempo en el fondo de la mente de Alexa. Independientemente de sus pensamientos conscientes, la creencia subconsciente le decía que, en realidad, no quería una relación, pues sería una prisión. Las creencias subconscientes y los pensamientos conscientes de Alexa no iban en la misma línea, lo que estaba impidiendo que se diera la manifestación que ella deseaba.

Podemos ver aquí que Alexa tenía baja autoestima en un área (las relaciones), pero alta en otra (la vida profesional y el dinero). No le resultaba difícil que la llamaran para trabajos muy bien pagados, y tendía a conseguir subidas de sueldo y ascensos con facilidad. Alexa también me contó que, cuando era pequeña, su padre siempre le decía que podría hacer lo que quisiera en la vida y que nunca necesitaría depender de un hombre para tener dinero. Por naturaleza, Alexa era además una persona muy ambiciosa, de modo que su creencia subconsciente de que las relaciones limitaban la libertad, basada en lo que había presenciado de niña, la llevaba a apartarlas de sí de manera subconsciente. Este es un comportamiento muy habitual.

Si te has dedicado a cultivar pensamientos positivos, usar afirmaciones, crear paneles de visualización y seguir otros procesos similares y no se ha producido ninguna manifestación, espero que estés empezando a comprender por qué. Lo más seguro es que haya creencias subconscientes ejecutándose en el fondo de tu mente y proyectando la idea de que realmente no quieres o no te mereces una o más de las cosas que estás intentando manifestar. Pero ¡no te preocupes! Lo vamos a cambiar.

La verdadera autenticidad es la autoestima

Además de mostrar la diferencia clara entre los pensamientos conscientes y las creencias subconscientes, la historia de Alexa también señala dónde se origina la autoestima subconsciente: en la infancia.

En la base de todo mi trabajo se encuentra la sólida creencia de que todos hemos venido a este mundo perfectos y completos. Con el tiempo, se acumulan sobre nosotros los efectos de la vergüenza, el dolor, traumas y todo tipo de mensajes y condicionamientos provenientes de la familia, la sociedad, los medios, nuestros iguales, el colegio, etcétera. Como consecuencia de ello, se nos graban en la mente creencias limitantes que nos dicen que no podemos hacer ciertas cosas, que no las queremos realmente o que no nos las merecemos, incluso aunque, a nivel consciente, sí las queramos y sí creamos que las merecemos. Estas creencias limitantes nos empequeñecen, nos debilitan y nos llevan a conformarnos con menos de lo que merecemos.

Quiero aclarar que la autoestima subconsciente no proviene solamente de mensajes negativos y traumas, sino de todo lo que fue recibiendo tu niño interior desde el nacimiento hasta los siete años (o incluso los catorce, si queremos usar un margen más elástico). Aquí están incluidas experiencias tanto positivas como negativas; mensajes sobre tus cualidades, sobre cómo funciona el mundo, sobre tu valía y sobre lo que mereces y puedes esperar de la vida; los traumas que hayas vivido; todo lo que hayas observado o no y las conclusiones que hayas extraído de las cosas que hayas oído y experimentado.

Recuerda que algunas de esas conclusiones no serán verdades objetivas, igual que ocurría con la creencia subconsciente de Alexa de que las relaciones despojan de libertad a las personas. El cerebro infantil, al tratar de comprender lo que experimenta, puede asumir y creer cosas que no tengan base real. Lo cierto es que no importa si las creencias limitantes son verdad o no. Una vez que se forman, empiezan a ejecutarse de manera constante en el fondo del subconsciente y determinan lo que puedes manifestar o no en cada momento.

La buena noticia es que, con el método de manifestación neural que vas a aprender en este libro, podrás cambiar las creencias subconscientes de forma relativamente rápida y fácil. Es posible aumentar la autoestima aprovechando la capacidad que tiene el cerebro de reconfigurarse, lo que recibe el nombre de neuroplasticidad. En el cerebro, los mensajes químicos viajan por vías neurales, que están compuestas por series de neuronas o células nerviosas. Las uniones sinápticas son los lugares donde se conectan las neuronas, comunicándose unas con otras mediante mensajeros químicos. Estas vías son la base de la cognición, lo que incluye las creencias subconscientes, los pensamientos conscientes, las emociones, los hábitos y los patrones de conducta.

A lo largo de la vida, el cerebro crece y cambia cada vez que aprendemos algo nuevo, de manera que podemos sustituir vías neurales antiguas que estaban reforzando de manera subconsciente una autoestima baja por vías nuevas que sustenten una autoestima alta. Este proceso es muy similar al de la actualización completa del sistema operativo de un ordenador. Transformará tus creencias subconscientes y, por tanto, tu autoestima y la capacidad de manifestar tus deseos más auténticos.

Por favor, ten en cuenta que todo esto no significa que no estés bien o que necesites ayuda profesional. El objetivo del universo en lo tocante a la manifestación es que nos vayamos despojando de las capas de condicionamiento que se han ido acumulando sobre nosotros a lo largo de la vida para que podamos volver estar alineados con nuestra versión más perfecta, plena y auténtica.

La verdadera autenticidad reside en la autoestima, la cual desarrollamos incorporando al subconsciente nuevas creencias acerca de asuntos específicos. Cuando entran en consonancia los pensamientos conscientes y las creencias subconscientes, se elimina toda fricción o resistencia. En ese estado, somos verdaderamente magnéticos.

Por eso afirmo que la autoestima subconsciente es la auténtica ley de la atracción. Y para que pueda conectar con tu manifestación es necesario que la eleves. Este es el auténtico secreto de la manifestación, y podrás aplicarlo en tu vida gracias a este libro.

Bailar con el universo

Completaremos este proceso de manifestación neural mediante tres pasos principales: ampliar, desbloquear y actuar alineados con nuestro yo auténtico. Estos tres pasos funcionan juntos en la reprogramación y el refuerzo de las vías neurales mediante creencias subconscientes de autoestima alta. Para ilustrar cómo funciona esta dinámica, volvamos a Alexa, que necesitaba reconfigurar sus creencias subconscientes sobre las relaciones para poder conectar con la capacidad de manifestar.

El primer paso, ampliar, tiene que ver con mostrarle al subconsciente lo que es posible. ¿Has oído alguna vez la frase «Si no lo veo no lo creo»? Aunque parezca un cliché, para la neurociencia expresa algo muy real.

A nivel subconsciente, las cosas que creemos que son posibles son las que vamos observando de pequeños, aproximadamente entre el nacimiento y los siete años. Esto quiere decir que si en ese periodo nunca presenciaste ninguna relación de pareja sana o no viste que ninguna persona del pueblo donde vivías alcanzase sus ambiciones profesionales, tu mente subconsciente sencillamente no creerá que sea posible tampoco para ti. Y eso no van a cambiarlo todas las afirmaciones y paneles de visualización del mundo.

Durante esta edad fundacional, la principal relación que observó Alexa fue la de sus padres (algo que, por supuesto, se cumple para la mayoría de la gente, y que es la razón por la que la relación que mantenían nuestros padres influye tanto en nuestra capacidad de manifestar en esa área). Incluso aunque su madre no lo viviese así, a Alexa aquella relación le parecía increíblemente represiva, en parte debido a que su yo auténtico tenía ambiciones profesionales. Esta circunstancia desempeñó un papel de gran importancia en la configuración de las creencias subconscientes de Alexa sobre las relaciones.

Además, Alexa no tuvo ningún otro ejemplo de primera mano de matrimonios en los que la mujer desarrollara una carrera profesional propia. Por ello, en Alexa se generó la creencia subconsciente de que este tipo de relación no era una opción para ella. Su mente subconsciente nunca había tenido la oportunidad de creer «¡Si ellas pueden, yo también!».

A fin de culminar el paso de la ampliación, Alexa necesitaba ver para creer que también podían ser posibles otro tipo de relaciones, incluidas las liberadoras y expansivas, las que permitían a las mujeres desarrollarse profesionalmente. Conocer a gente que sostenía este tipo de relación ayudó a Alexa a anular la creencia limitante y a mostrarle a su mente subconsciente que el tipo de relación que ella buscaba era, en efecto, posible.

El siguiente paso es el de desbloqueo y se divide en dos fases. En primer lugar, se destapan las creencias limitantes y las áreas de baja autoestima subconscientes que están entorpeciendo las manifestaciones y, en segundo lugar, se sustituyen las vías neurales con creencias subconscientes de autoestima más alta. Durante la fase de desbloqueo, Alexa ahondó en su subconsciente rescatando los recuerdos específicos que habían generado en ella la idea original de que las relaciones eran como prisiones. Cuanto más destapaba, más capaz era de hacer el trabajo de rescribir las creencias antiguas que ya no le servían.

El tercer paso es actuar alineado con tu yo auténtico, que es cuando inicias la marcha y empiezas a dar pasos reales hacia las manifestaciones que quieres lograr. Alex comenzó por dejar de hablar con sus ex, que no querían comprometerse emocionalmente. Luego se hizo un perfil en una aplicación de citas y empezó a salir con hombres que eran completamente distintos a aquellos por los que antes se sentía atraída. Al cambiar radicalmente sus creencias subconscientes sobre las relaciones, empezó a haber más correspondencia entre estas y sus actos y pensamientos conscientes.

Para empezar a manifestar, necesitas poner en marcha estos tres pasos (ampliar, desbloquear y actuar alineado con tu yo auténtico). Quiero avisarte de algo muy importante: este proceso no suele ser lineal. Según vas avanzando en él, se convierte en un baile, pues el universo te refleja exactamente aquello que necesitas trabajar más en un momento dado y tú comienzas a apoyarte de manera intuitiva en lo que te está advirtiendo.

Por ejemplo, durante el proceso, un exnovio de Alexa la llamó diciéndole que ya estaba preparado para comprometerse con ella. Aunque aún no había roto la relación anterior, le juró que lo haría, que le pondría punto final antes de volver con ella. Alexa reconoció una señal de alarma en este acercamiento: era muy probable que aquel ex no fuera nunca capaz de comprometerse con ella. Al sentirse muy tentada de volver a implicarse con él, Alexa se dio cuenta de que aquello era una indicación de que necesitaba hacer más trabajo con los pasos de la ampliación, el desbloqueo y actuar alineada con su yo auténtico. Necesitaba aumentar más su autoestima para poder estar en verdadera sintonía con la relación que deseaba realmente.

Teniendo esto en cuenta, recuerda que es útil pensar en que todo lo que ocurre en tu vida es un reflejo de tus creencias subconscientes y de hasta qué punto están en consonancia con tus deseos conscientes. El universo no quiere castigarte con estas experiencias. Te puedo asegurar que no está reteniendo tus manifestaciones por fastidiarte. Lo que hace es mostrarte en un espejo tus creencias subconscientes a través de la gente, las experiencias y las oportunidades que te surgen en la vida. Si miras este espejo de manera objetiva, te resultará fácil detectar en qué puntos existe discordancia entre tus creencias subconscientes y tus deseos conscientes. Y ahí es donde tendrás que centrar el trabajo que explicaremos en este libro.

Te animo a que ahora mismo te comprometas a considerar todo lo que te pase en la vida como un espejo que te está diciendo exactamente dónde necesitas sanarte y elevar tu autoestima para que puedas empezar a manifestar tus deseos. Todo lo que ocurre no son más que invitaciones a crecer. Apóyate en lo que te diga el universo. Permite que todo lo que vaya surgiendo en tu vida (tanto lo bueno como lo malo) te sirva de guía.

Puede ser divertidísimo y emocionante bailar con el universo respondiendo a ese espejo que pone delante de ti. Cuanto más lo hagas, más capaz serás de aumentar tu autoestima subconsciente para que llegue a estar alineada con las manifestaciones que quieras lograr. Pero antes de empezar con este proceso necesitas pasar tiempo conectando con tu yo auténtico y elaborando tu lista de manifestaciones. Exploraremos estos dos conceptos en los siguientes dos capítulos. Así te asegurarás de estar invocando exactamente lo que quieres en el nivel más profundo y auténtico de tu alma.

PUNTOS CLAVE

- ✓ No se manifiesta a partir de los pensamientos conscientes y cotidianos, sino a partir de las creencias subconscientes.
- ✓ Las creencias subconscientes se forman en los primeros años de vida. Por ello, tendrás creencias subconscientes de baja

autoestima en las áreas de la vida donde hayas experimentado dolor, vergüenza, trauma y condicionamientos varios por parte de amigos, familia, compañeros y la sociedad en general.

✓ Sin embargo, con el proceso de manifestación neural que se explica en este libro, cualquier persona puede cambiar sus creencias subconscientes y aumentar su autoestima subconsciente.

✓ Podrás manifestar cuando tu autoestima subconsciente esté alineada con aquello que deseas.

MOMENTO MAGNÉTICO:
Haz un inventario de tu subconsciente

Tanto si has probado todos y una cada uno de los métodos supersticiosos de manifestación del planeta (al igual que yo) como si es la primera vez que accedes al mundo de la manifestación, quiero que entiendas una cosa: para aumentar tu autoestima y poder manifestar, no necesitas «permanecer en lo positivo». De hecho, tus sentimientos negativos son muy valiosos porque apuntan a lugares donde sigues teniendo creencias limitantes o autoestima baja de manera subconsciente. Vamos a empezar a hacer inventario de lo que hay en nuestro subconsciente.

Contesta a las siguientes preguntas en tu diario:

- **Deseo consciente:** ¿Qué es lo que no has sido capaz de manifestar aún?
- **Miedo subconsciente:** ¿Qué miedo te surge cuando piensas en que este objetivo o manifestación se haga por fin realidad?

¿Te das cuenta de la manera en que se oponen directamente tu deseo consciente y tu miedo subconsciente? Esa es la razón por la que todas las herramientas del método TBM se centran en reprogramar la mente subconsciente: porque la manifestación se produce a partir de ella.

2

Reconectar con el yo auténtico

Mientras desarrollaba este método escribiendo en el diario y meditando en la playa, fui capaz de reconectar con mi yo auténtico de una manera muy profunda que llevaba mucho tiempo sin experimentar. A medida que fui sintonizando más con mi verdadera esencia, me sorprendió descubrir que muchas de las cosas que había estado tratando de manifestar no estaban realmente alineadas con lo que yo quería de verdad a nivel profundo, del alma. El mayor y más claro ejemplo era el de mi carrera profesional.

En aquella época trabajaba de manera incesante para vivir de la interpretación. Sin embargo, a pesar de todo el tiempo y la energía invertidos en estudiar y presentarme a pruebas, estaba empezando a darme cuenta de que actuar no me llenaba de verdad. Todo el esfuerzo que había puesto en estudiar e ir a los castings era necesario para conseguir el resultado que quería (ser actriz), pero el proceso no me gustaba, señal obvia de que actuar no era mi pasión verdadera. Cuanto más ahondaba en mis áreas de baja autoestima y las situaciones que se habían repetido en mi vida, más evidente me resultaba que mi empeño por ser actriz respondía a la necesidad de ser vista y amada, no al deseo de mi alma.

Mis padres me tuvieron con solo veinte años. Hoy no guardo ningún resentimiento hacia ellos y me he dado cuenta de que simplemente no estaban preparados ni emocional ni económicamente para criar hijos. Demasiado ocupados con su propia vida y tratando de salir adelante, no les quedaba tiempo para atender a mis necesidades emocionales. De niña fui pasando de una vivienda a otra hasta un total de cuatro: la de mi padre, la de mi madre, la de mis abuelos, y la de mis tíos, que vivían cerca de mi madre y me cuidaban mientras ella se iba a trabajar.

Dicho de manera simple (ya iré contando más a medida que avance en la explicación del proceso), aunque tengo claro que mis cuidadores no pretendían hacerme sentir así, crecí sintiendo que no me merecía realmente ser querida o tener intimidad emocional, y que mis necesidades no eran importantes. En los primeros años de mi vida adulta había estado intentando sanar esa herida mediante señales externas de éxito. Mi mente subconsciente seguía creyendo que si triunfaba como actriz, me haría por fin merecedora de la atención de mis padres, que no tendrían más opción que verme de verdad y estar orgullosos de mí.

Este es exactamente el tipo de creencia de baja autoestima que suele reproducirse en bucle en el subconsciente. Aunque las creencias de baja de autoestima de cada persona varían ligeramente en función de las experiencias infantiles propias, una cosa que tienen en común es que nos impiden conectar con nuestras manifestaciones. Suelen llevarnos a desear e incluso a lograr cosas que no tienen nada que ver con quien somos realmente en el fondo de nuestro ser.

Por tanto, antes de poder empezar a manifestar, tenía que sanar mis heridas y reconectar con los deseos verdaderos de mi alma. Tardé varios años en conseguirlo, pero al final dejé la interpretación y empecé a aprender sobre hierbas y otras prácticas holísticas, algo que llevaba tiempo interesándome. Y, por el camino, hice mucho trabajo para aprender a diferenciar entre las cosas que quería realmente y las que solo pensaba que quería a causa de creencias subconscientes.

Del mismo modo, antes de empezar a manifestar o incluso de elaborar tu lista de deseos (algo que entraremos a analizar en breve, lo prometo), es esencial que te reconectes con tu yo auténtico.

¿Cuál es tu yo auténtico?

Tu yo auténtico no es algo en lo que te vayas a convertir, sino algo que ya eres, la parte de ti que encarna la esencia de tu alma. Tu yo auténtico es la versión perfecta y plena de ti que llegó a este planeta antes de que sufrieras ningún tipo de condicionamiento, programación, dolor, trauma, vergüenza, etcétera. Es quien aún serías si no te hubiera influido nada de todo ello.

El trabajo que vamos a realizar juntos no te cambiará, sino que te devolverá a tu yo original y más auténtico. Imagina ver la Estatua de la Libertad con su aspecto inicial, del color del cobre. Sería exactamente la misma escultura que hoy vemos erguirse con orgullo, pero sin la capa de óxido, herrumbre y suciedad que se ha ido acumulando sobre ella, es decir, luciría su belleza auténtica original. De la misma manera tú puedes retirar las capas de condicionamiento que has experimentado a lo largo de los años y recuperar tu yo auténtico y magnético.

Cuando nos desconectamos de nuestro yo auténtico, sentimos infelicidad, ansiedad, estrés y, lo más importante, somos incapaces de manifestar. Por ello, el objetivo del proceso que te voy a explicar es ayudarte a despojarte de estas capas de condicionamiento para que puedas volver a ser quien eras a nivel del alma. De igual forma, la única intención del universo es que recuperes tu yo pleno, válido y auténtico. De hecho, todo lo que ocurre en tu vida tiene ese propósito concreto: que te despojes del dolor, la vergüenza y el condicionamiento que te impiden ser quien eres realmente. Solo así lograrás la abundancia y las manifestaciones que deseas verdaderamente.

Tu yo auténtico tiene una confianza profunda en quien eres y sabe cuál es tu valía inherente. Al conectarte con ese yo auténtico, notas el magnetismo, te enciendes, te embarga la felicidad, sientes que tienes un propósito, que eres único. Incluso aunque no tuvieras interés alguno en manifestar, te beneficiaría enormemente aprender a ahondar en este lugar genuino de tu ser y operar a partir de él. Pero, desde luego, cobra la mayor importancia cuando te propones atraer a tu vida las cosas que deseas. Y es que la autenticidad genera magnetismo.

Manifestar a partir del ego versus manifestar a partir de la autenticidad

Cuando te conectas con tu yo auténtico, tu autoestima subconsciente entra en perfecta consonancia con tus pensamientos conscientes, y ambos proyectan tu confianza y tu valía. Ese es el estado a partir del cual funcionará la manifestación. En caso contrario, estarás queriendo manifestar a partir del ego.

Pienso en el ego como esa parte del yo donde se han ido acumulando los mensajes que hemos recibido durante la infancia de quienes nos cuidaban, de los medios, los compañeros, la comunidad donde crecimos, la sociedad, etcétera. El ego no es quien realmente somos ni tiene que ver con nuestro yo auténtico. Dicho de manera simple, cuando pretendemos manifestar a partir del ego, buscamos cosas que tienen que ver con cómo nos programaron en la infancia.

Ten en cuenta que querer manifestar cosas que podrían considerarse superficiales no implica obligatoriamente que se opere a partir del ego. Está bien querer cosas materiales e incluso lujosas. No es necesario ser un monje para hacer el trabajo de manifestar. Pero sí debes asegurarte de que lo que quieres esté en línea con tu yo auténtico, y de que no estás aspirando a ello para colmar un vacío o aplacar una herida de la infancia.

Por ejemplo, hoy sé que dos de las cosas que más valoro son el diseño y la inversión, dos facetas que podríamos considerar materiales. Me encantan los objetos de diseño y disfruto mucho practicando la actividad inversora con un enfoque lúdico. A diferencia de lo que me ocurría con la interpretación, no tengo interés en estos sectores porque desee recibir validación, sino porque me llenan a un nivel muy profundo. Y, al tratarse de algo tan auténtico, el universo me recompensa cuando quiero manifestar este tipo de cosas. Recuerda que el universo no juzga tus deseos. Lo que quiere es que operes a partir de la autenticidad.

La mayoría de la gente no tiene ni idea de por qué está persiguiendo aquello que desea. Simplemente sabe que lo quiere. No se da cuenta de que está buscando de manera subconsciente cosas que cree que le harán parecer exitoso externamente y que, por tanto, lo validarán. Todo ello proviene del ego. El yo auténtico tiene un conocimiento profundo del valor inherente de ser exactamente quienes somos, mientras que el ego busca la aceptación, la validación, el amor y los elogios externos.

Del mismo modo que me ocurrió a mí con la interpretación, veo a mucha gente perseguir deseos egóticos de hacerse médico o abogado o desarrollar otras profesiones solo porque es lo que siempre ha deseado para ellos su familia. Su mente subconsciente cree que si cumplen este deseo recibirán amor y aceptación. Quiero aclarar que no hay nada malo en ninguna de estas profesiones. Si aspiras a desarrollarlas porque se corresponden con quien eres auténticamente, no hay ningún problema. Sin embargo, si tu profesión no concuerda con el deseo verdadero de tu alma, no será más que un logro que te ha dictado el ego.

Recuerda que operar a partir del ego no te hace mala persona. No se trata de juzgar nada ni a nadie. Sin embargo, si operas a partir del ego, no podrás manifestar las cosas que deseas verdaderamente a nivel del alma. Al universo solo le interesa lo que eres, amas y haces de manera auténtica, que es justo lo opuesto a lo que quiere el ego. Por eso, el universo no te responderá si tratas de manifestar a partir del ego.

Es más, cuando intentas manifestar a partir del ego y llegas a conseguir algo de lo que crees desear, te das cuenta la mayoría de las veces de que no te llena, que te decepciona. ¿No te ha pasado alguna vez que pensaras que querías algo, ya fuera un trabajo, una relación o un objeto material, y, en cuanto lo has conseguido, te has dado cuenta de que no te hacía feliz? Lamentablemente, es algo que ocurre todo el tiempo cuando tratas de manifestar sin estar alineado con tu yo auténtico.

En ese estado egótico, es imposible saber lo que deseamos de verdad. Las cosas que pensamos que queremos son meros reflejos del condicionamiento social y familiar al que nos hemos visto sometidos. Sin embargo, si nos despojamos del ego y conectamos con nuestro yo auténtico, nos pondremos a manifestar buscando una plenitud y una felicidad verdaderas ¡y seremos capaces de alcanzarla!

Cuando empecé a trabajar con mi cliente Vivian, ella llevaba un tiempo intentando atraer a su vida un tipo específico de pareja con quien pudiera compartir una conexión profunda. Vivian no tenía problemas para conocer hombres o iniciar relaciones. Era la típica monógama «en serie» que, desde la época del instituto, iba encadenando una relación tras otra.

Lamentablemente, todas esas relaciones estaban cortadas por el mismo patrón. Comenzaban siempre muy bien. Vivian se emocionaba mucho con su nueva pareja y enseguida quería presentársela a amigos y familia. Sin embargo, al cabo de unos meses, empezaba a sentir que había una falta de conexión. Siempre se divertía mucho con la pareja del momento, le gustaba esa persona, pero la relación siempre carecía de la conexión profunda a nivel de alma que ella anhelaba. Tras dejar pasar unos pocos meses más, Vivian acababa dejando a ese novio y pasaba al siguiente.

Vivian no entendía por qué le ocurría esto una y otra vez. ¿Por qué siempre a sus relaciones les faltaba lo que ella más valoraba? Las cosas resultaban aún más confusas por el hecho de que sus novios siempre eran tipos geniales. Eran amables y tenían éxito, un trabajo fantástico y una vida interesante. Sin embargo, por mucho que Vivian quisiera sentir con ellos esa conexión que buscaba, no lo lograba. Y hay que decir en su favor que no se conformaba aceptando menos.

Entonces ¿qué estaba ocurriendo realmente? ¿Era que Vivian no quería en el fondo el tipo de relación que creía desear? La respuesta es sí y no. Quería (y se merecía) compartir una conexión profunda con su pareja, pero la buscaba en el lugar inadecuado. Los hombres con los que salía eran geniales (y podrían haber encajado muy bien con otras personas), pero resultaban ser manifestaciones egóticas con las que Vivian buscaba la aprobación de su familia.

En nuestras conversaciones, Vivian no dejaba de mencionar a Eric, su novio del instituto, con quien había tenido la primera relación sentimental. Desde entonces, había estado buscando una conexión similar en los hombres con los que salía. Pero Eric era distinto de esas otras parejas. Era escritor y una persona muy creativa, y tenía también un lado rebelde que había atraído a Vivian.

Sin embargo, por muy bien que se hubiera sentido Vivian con Eric en el instituto, en la etapa adulta no se le pasaba por la cabeza que un escritor rebelde fuese la pareja más conveniente. Además, todos los hombres de la familia de Vivian se ajustaban más el modelo de estrella de fútbol que de persona creativa y poco convencional. Durante la infancia, los hombres del entorno de Vivian ganaban mucho dinero, eran el alma de las fiestas y algo ostentosos en lo tocante a las cosas materiales. Vivian tenía una creencia subconsciente de que este tipo de hombre sería el compañero ideal para ella. Por eso le resultaba muy frustrante descubrir una y otra vez que no.

El problema real era que Vivian no estaba conectada con su yo auténtico y manifestaba sus parejas a partir del ego, buscando la validación de su familia. Por supuesto, su familia siempre aprobaba a los hombres con los que salía Vivian, aunque ninguno pareciera ser apropiado para ella. Y todo ocurría porque Vivian no estaba buscando el tipo de pareja que se correspondía con su yo auténtico.

Experimentar una revelación como esta no supone que tengas que hacer automáticamente un cambio drástico. En el caso de Vivian, descubrir su deseo auténtico de conexión con una persona creativa y poco convencional no implicaba necesariamente que su pareja ideal tuviera que ser un artista taciturno que no encajara con su familia. Tras conectar con su yo auténtico, Vivian comenzó a salir con hombres que tenían éxito en su profesión, pero también contaban con un lado creativo. La diferencia principal radicaba en que Vivian ya no estaba manifestando para llenar un vacío, sanar una herida o complacer a los demás. En consecuencia, no solo empezó a manifestar relaciones que la llenaban más, sino que también fue capaz de hacerlo de un modo natural, gozoso y relajado, sin tensiones.

¿ESTÁS MANIFESTANDO A PARTIR DEL EGO O A PARTIR DE TU YO AUTÉNTICO?

Sabes que estás manifestando a partir del ego cuando:

- Te da la sensación de que la manifestación está por «encima» de ti o en un pedestal.
- Sientes que la manifestación demostrará a los demás lo mucho que molas, lo inteligente, sofisticado, artístico, exitoso y talentoso que eres.
- No percibes que la manifestación esté verdaderamente alineada con tus deseos y valores auténticos.
- No crees que tu vida vaya a ser plena hasta que no consigas esa manifestación.
- Te sientes frenético, impulsivo, ansioso y desregulado en tu deseo por conseguir esa manifestación porque estás tratando de demostrar tu valía a través de ella.

Sabes que estás manifestando a partir de tu yo auténtico cuando:

- No sientes que la manifestación esté por encima de ti, sino a tu mismo nivel.
- Ya estás conectado con tu valía inherente, por lo que esta manifestación solo es algo bueno más que se añade a tu vida.
- Sientes que la manifestación está verdaderamente alineada con tus valores y deseos auténticos.
- No te obsesionas con la razón por la que quieres la manifestación ni sientes que «serás menos» hasta que no la consigas. Te limitas

a confiar en tu propio deseo y en que llegará en el momento adecuado.

- No vives tu deseo con tensión, sino con curiosidad, fascinación o inspiración. Lo llevas con normalidad porque sabes que te mereces inherentemente aquello a lo que aspiras.

Si reconoces sentimientos de las dos categorías, significa que la manifestación se corresponde con un deseo auténtico, pero puede que necesites elevar tu autoestima para conectar con ella. Apúntate esto para examinarlo en un momento posterior del proceso.

Las necesidades fundamentales

Al despojarte de las capas de condicionamiento y entrar en contacto con tu yo auténtico, puede que empieces a sentir que tu realidad actual está a kilómetros de distancia de tu autenticidad. Quizá te incomode e incluso te desanime, pero recuerda que se trata de algo absolutamente normal. Lamentablemente, antes de hacer el trabajo que propongo en este libro, la mayoría de la gente está bastante desconectada de su yo auténtico.

A lo largo de la infancia puede desarrollarse el mecanismo de defensa de reprimir ciertos aspectos de nosotros mismos para sentirnos a salvo. Esta estrategia nos resulta útil en ese momento. Sin embargo, nos hace daño a largo plazo porque nos lleva a desconectarnos de áreas vitales de nuestro ser, de quienes somos realmente. Cuando nos desconectamos de nuestro yo auténtico de esa manera, somos incapaces de manifestar nuestros deseos verdaderos.

Es importante perdonarse a uno mismo por haber suprimido esas facetas y no vivir lamentándose. Lo hiciste lo mejor que pudiste en ese momento y ahora vas a darte el regalo maravilloso de volver a conectarte con tu yo auténtico. Llegues cuando llegues al proceso que estamos explicando aquí, confía en que ha sido justo en el momento adecuado.

Aunque te des cuenta de que estás muy lejos de tu yo auténtico, recuerda que la belleza de este método es que puedes empezar lentamente, paso a paso, el proceso de volver a conectarte con él. Para ello, es importante comprender la necesidad fundamental que subyace a tus deseos auténticos. Esta necesidad representa tus valores o el modo en que quieres sentirte al conectar con tu manifestación. El propio deseo o manifestación es simplemente el vehículo que emplearás para satisfacer esa necesidad fundamental.

Por ejemplo, cuando empecé a trabajar con Georgia, me contó que los momentos más felices y auténticos de la infancia los había vivido actuando en un escenario. Aquella era su pasión. Georgia bailaba y cantaba, y siempre representaba papeles de protagonista en las funciones musicales del colegio. Sin embargo, después del instituto, dejó de lado la interpretación y se centró en su educación y en desarrollar una trayectoria profesional estable como programadora informática.

Mediante nuestro trabajo juntas, Georgia se dio cuenta de que su amor por la interpretación reflejaba un deseo auténtico de ser vista. Ese deseo era su necesidad fundamental. Sin embargo, la había suprimido para perseguir logros egóticos que no la satisfacían.

Darse cuenta de esta circunstancia no implicaba que tuviera que dejar su trabajo y comenzar a desarrollar una carrera artística (aunque, si eso era lo que ella quería de una manera auténtica, podría haber cambiado completamente de dirección y empezar a manifestar esa trayectoria). La interpretación era simplemente el modo en que ella había expresado en la infancia la necesidad fundamental de ser vista.

En el caso de Georgia, había otras maneras en las que podía expresar su necesidad fundamental en la etapa adulta. Empezó a variar sus funciones en el trabajo para que fueran más de cara al público, y se apuntó a clases de improvisación los fines de semana. De esa manera empezó a sentirse más realizada y auténtica. Y pronto llegaron sus manifestaciones.

Encuentra tu código auténtico

Seguro que estás ya preguntándote cómo puedes conectar exactamente con tu yo auténtico. La respuesta es mediante la creación de tu propio código auténtico, que constituye una parte vital de la técnica de manifestación neural.

Tu código auténtico es una herramienta que puedes usar tanto en el momento de crear la lista de manifestaciones como a lo largo del proceso entero de manifestación. Consiste en las cuatro palabras o pilares que representen tus valores fundamentales y la esencia de tu alma, y que te servirán de brújula, filtro y guía a medida que avances, pues te permitirán saber exactamente qué está alineado con tu yo auténtico y qué no lo está.

Mientras que otras técnicas de manifestación te indican que coloques afirmaciones e imágenes positivas por la casa, en lugares donde puedas verlas, mi recomendación es que, tras descubrir tu código auténtico, te centres por completo en él. De hecho, yo escribo los cuatro pilares de mi propio código auténtico en la portada de mi diario de manifestación personal, lo que me ayuda a reconfirmar de manera constante que todo aquello que quiero atraer está en consonancia con mi autenticidad más profunda.

Empecemos, pues, a explorar los pilares que constituirán tu código auténtico. En primer lugar, asegúrate de tener tiempo suficiente para dedicarlo íntegramente a este ejercicio y de estar en un espacio donde no vayan a molestarte. Si te apetece, date el gusto de encender una vela aromática, ponerte música suave o hacer cualquier otra cosa que te induzca a relajarte y entrar en un estado de introspección.

Cuando estés listo, saca tu diario y responde a cada una de las preguntas siguientes. No le des demasiadas vueltas ni te esmeres en exceso a la hora de escribir. Limítate a anotar lo primero que te venga a la cabeza y sientas que está bien. No se trata de lo que «deberías» contestar. Aquí no hay nada correcto o incorrecto: ¡lo que cuenta es la autenticidad! El objetivo no es dar con la respuesta más genial o virtuosa, sino poner la sinceridad por delante, separar el grano de la paja sin concesiones y despojarte de todo el relleno que no es tu yo auténtico. Recuerda que autenticidad equivale a magnetismo. Es hora de empezar a ser consecuente con tu yo auténtico.

- ¿A qué dedicas la mayor parte del tiempo y la energía en tu hábitat natural, cuando nadie te está mirando, en tu vida cotidiana? Escribe las cuatro cosas principales.
- ¿En qué gastas la mayor parte del dinero? ¿Para qué cosas lo reservas? Si quisieras atraer dinero, ¿para qué se te ocurre que lo emplearías, siendo completamente sincero y auténtico? Escribe las cuatro cosas principales.
- Piensa en tu día ideal. ¿Qué cosas incluirías que te darían la mayor felicidad? Escribe las cuatro principales.
- Si fueras a darte un capricho haciendo hoy algo especial (sin limitaciones de dinero), ¿qué harías? Escribe las cuatro cosas principales.
- En lo tocante a internet, ¿sobre qué te gusta más aprender? ¿Qué sueles buscar cuando navegas? ¿Qué libros, vídeos de

YouTube o blogs son de tu mayor interés? Escribe las cuatro cosas principales.

- Cuando sueñas con el futuro, ¿qué visualizas? ¿Qué temas, objetos, cosas, gente, experiencias te vienen a la mente? Escribe las cuatro cosas principales.
- ¿Qué cosas te emocionan más (actividades, hobbies, pasiones, etc.)? Escribe las cuatro principales.
- Repasa las respuestas que has dado más arriba. ¿Notas algún tema recurrente? Destila las respuestas para extraer las cuatro palabras que representen los cuatro pilares fundamentales de tu estado de autenticidad más verdadero. Las palabras pueden ser tan específicas o genéricas como te haga falta.

Por ejemplo, mis cuatro pilares fundamentales son recuerdos de familia, diseño, inversión y autocuidado/práctica espiritual.

Cuando tengas los cuatro pilares, examina su esencia. ¿Qué significan para ti esas cuatro palabras? Escribe lo que las hace únicas para ti.

Por ejemplo, para mí, el pilar de los recuerdos familiares representa pasar tiempo de calidad con mi familia, viajar, estar presente y generar recuerdos con ellos. El diseño representa la importancia del arte y el estilo en mi vida, sobre todo en relación con el diseño de interiores, mi estilo personal y poder disfrutar de experiencias y espacios bien diseñados y pensados. La inversión representa mi pasión por generar riqueza, por la propiedad inmobiliaria y los ingresos pasivos, por conocer los entresijos de la normativa tributaria. Y el autocuidado/práctica espiritual refleja cómo valoro el cultivo de lo espiritual y la salud mental.

¡Te felicito por empezar a buscar tu código auténtico! Recuerda que puede cambiar a lo largo del tiempo a medida que tú evolucionas y creces con la práctica de este método, así que te recomiendo poner una fecha junto a estas respuestas para que lo tengas todo bien organizado. Es muy emocionante observar los cambios que se van dando con el paso del tiempo.

Vive según tu código auténtico

Cuanto más coincida con tu código auténtico la forma en que vivas tu vida y emplees el tiempo, más auténtico y magnético serás. Podría resultar un poco abrumador tratar de poner todo esto en práctica si descubres que tu yo actual y tu yo auténtico están muy alejados. Pero no te dejes llevar por el pánico si es así. Como ya he dicho, es muy habitual que las personas que nunca han practicado este método descubran que su autenticidad está muy lejos de la persona en la que se han convertido.

Si te encuentras en este último caso, trata de considerarlo como un despertar profundo, en lugar de como un problema o algo negativo. Al principio podría causarte temor, pero ve despacio y recuerda que el universo te está guiando hacia una transformación por algún motivo. Cuando comiences a vivir verdaderamente según tu código auténtico, no solo te volverás más magnético y más capaz de manifestar, sino que también te sentirás más feliz, con más confianza y más satisfecho de las circunstancias de tu vida. Es increíblemente potente y liberador.

Sea cual sea el grado de autenticidad con el que hayas vivido hasta ahora, tu código auténtico consiste en las cuatro cosas que más valoras, y te servirá de ancla y de brújula mientras navegas por el resto del proceso. Como ya he advertido, esto no implica que tengas que transformar tu vida por completo. Comienza con pequeños retoques y, a partir de ahí, ve desarrollando cambios mayores (si es necesario).

Puedes comenzar este proceso haciendo un inventario de todas las áreas de tu vida y de cómo se ajustan o no a tu código auténtico. Es probable que al principio haya muchas discrepancias. Sin embargo, las situaciones, los acontecimientos y la gente de tu vida que no están en consonancia con tu autenticidad usan un espacio muy valioso, que es el que tus manifestaciones quieren ocupar. Tienes que hacer limpieza y descartar todo lo que no encaje para poder crear el espacio energético que permita a tus manifestaciones cobrar vida.

Pregúntate: «¿Estoy diciendo que sí a cosas que me aburren, comprometiéndome a hacer otras que realmente no quiero hacer o comprando objetos que me da la impresión de que deberían pertenecer a otras personas?». A todos nos ha pasado. Si respondes afirmativamente a estas preguntas, es una señal clara de que no estás viviendo conforme a tu código auténtico.

Una forma fácil de empezar con el inventario es examinar cómo estás gastando el dinero en este momento. Muchas veces compramos para satisfacer el ego. Queremos la validación que nos da el vestir con la marca «adecuada», tener el coche «adecuado» o vivir en la casa «adecuada». Pero nada de todo ello importa de verdad si esas cosas que compras no están alineadas con tu yo auténtico.

Anota en qué te gastas la mayor parte del dinero y luego evalúa la lista. ¿Estás malgastando el dinero en cosas materiales que descartas al poco tiempo? ¿En comidas o eventos que no te llenan a nivel del alma? ¿Acumulas cosas que no acaban dándote felicidad ninguna?

Ahora escribe todo aquello en lo que te gastas dinero y que sí te inspira. Aquí tienes que citar aquello en lo que te gastarías más dinero si no tuvieras límites. Mira las dos listas. ¿Hay algo recurrente? Trata de centrar tus gastos en las áreas de la segunda lista, las que te hacen feliz. Así irás empezando de manera natural a vivir más en consonancia con tu código auténtico.

Por ejemplo, digamos que una palabra de tu código auténtico es «explorar». Sin embargo, la lista muestra que estás gastando la mayor parte del dinero en salir con un grupo concreto de amigos que siempre va a los mismos restaurantes y clubes de moda. Un cambio sencillo que podrías aplicar aquí es no salir tanto con ellos y usar ese dinero para hacer un viaje a un lugar que te apetezca mucho explorar. Si quieres empezar dando pasos muy pequeños, un ajuste más sutil sería explorar nuevos restaurantes y clubes. De esta manera, sin sacrificar el tiempo que pasas con tus amigos, te gastarías el dinero y dedicarías ese tiempo a algo que te llene a un nivel más profundo.

Filtra con tu código auténtico

A partir de ahora puedes empezar a vivir según tu código auténtico usándolo como filtro a la hora de elegir en qué gastar el dinero y tomar cualquier tipo de decisión. Cuando se te presente cualquier oportunidad, o te plantees cómo emplear el tiempo o una posible compra, valóralo teniendo en cuenta tus cuatro pilares fundamentales. Pregúntate si esa cosa o esa experiencia se corresponde con tus valores fundamentales. Si es que sí, no lo dudes. Pero si es que no, es importante que consideres si la elección es realmente apropiada.

A medida que pase el tiempo, te será cada vez más fácil darte cuenta de si estás viviendo según tu código auténtico o no. Es la diferencia entre hacer las cosas que tu alma anhela y las que crees que debes hacer por sentirte obligado, por cubrir las apariencias o por complacer a otras personas. Presta atención a cómo empleas el tiempo y cómo te sientes.

Después, proponte buscar actividades que te hagan feliz y que estén más en consonancia con tu código auténtico. Puede ser algo de más enjundia, como apuntarte a una clase semanal, o cosas pequeñas, como sacar unos minutos al día para meditar. Trata de hacer al menos una actividad al día que te aporte gozo de verdad.

Por ejemplo, si en tu código auténtico aparece la palabra «lujo», quizá puedas darte el gusto de tomar un café de grano seleccionado todas las mañanas. Si valoras la autoexpresión, quizá encuentres tiempo para pintar o escribir a diario. O, si has incluido el autocuidado en tu código auténtico, puedes prepararte un baño relajante todas las noches para desconectar. Sea lo que sea, busca lo que esté en línea con tu yo auténtico y te aporte gozo, y hazlo más a menudo para ir desplazando gradualmente aquello que ocupa espacio en tu vida, pero no te alimenta el alma.

A la vez, necesitas aprender el poder del no. Hablaremos más delante de ello al abordar el asunto de establecer límites. Por ahora, empieza a decir no sin sentirte culpable a cosas que te aburren, que no te hacen ilusión o que no se corresponden con tus valores.

Por último, trabaja en desprenderte de algo que estés haciendo todos los días y que ya sepas que no está en consonancia con tu yo auténtico. Por ejemplo, si has incluido el bienestar en tu código auténtico, empieza ya a desechar esa barra de proteínas procesada que sueles tomarte en el desayuno y emplea unos minutos en hacerte un batido lleno de nutrientes. O, si has elegido la conexión con los demás como parte de tu código auténtico, quizá elijas no cogerle el teléfono a ese amigo que siempre está hablando de sí mismo y que te deja sintiéndote más solo cada vez que hablas con él. De esa manera, dejarás espacio para esas conexiones más profundas que anhelas.

Mientras avanzas, fíjate en cómo te sientes cuando vives según tu código auténtico. Presta atención a la felicidad que te aporta participar en una actividad alineada con tus valores. Compáralo con cómo te sientes con el resto de las actividades que llenan tu día. No dejes de fijarte en todo momento ni de dar pequeños pasos. Has tomado el camino que te llevará a vivir de manera más genuina y a desarrollar la capacidad de manifestar los deseos más profundos y auténticos de tu alma.

PUNTOS CLAVE

- ✓ Tu yo auténtico ya está en tu interior. Es el ser que llegó a este planeta antes de que experimentases ningún tipo de condicionamiento, dolor, trauma o vergüenza.
- ✓ La única intención del universo es que vuelvas a convertirte en ese ser pleno, valioso y auténtico. Por ello, todo lo que te ocurre en la vida es un espejo de tu esfuerzo por despojarte del dolor, la pena y el condicionamiento que has sufrido para poder actuar a partir de tu yo auténtico. Cuando lo consigas, disfrutarás de toda la abundancia y las manifestaciones que desees.
- ✓ Es importante manifestar a partir del yo auténtico, en lugar del ego. De lo contrario, las manifestaciones nunca llegarán a satisfacernos a nivel del alma.
- ✓ El código auténtico consiste en palabras que representan nuestros valores y necesidades fundamentales. Puedes usarlo como guía y filtro para asegurarte de estar manifestando a partir de tu autenticidad, y no de tu ego.

MOMENTO MAGNÉTICO:
Inventario de actividades que te conectan con tu yo auténtico

Vamos a empezar a pensar en actividades que puedes realizar para honrar tu código auténtico. Por ejemplo, si una de las palabras del código auténtico es «autocuidado» y lo identificas, en parte, con sumergirte en el agua, ¿qué puedes hacer esta semana al respecto? ¿Podrías ir a una piscina, prepararte un baño en casa o ir a algún lugar cercano donde darte un chapuzón? Comienza a incluir algunas de estas actividades en tu agenda y fíjate en qué cambios aportan a tu vida.

3

Elaborar la lista

A medida que fui desarrollando el método de manifestación neural, empecé a tener más claro cómo quería que fuese mi pareja y me puse a aplicar a ese ámbito de mi vida, que, en aquel momento, dejaba mucho que desear, todo lo que estaba aprendiendo sobre la manifestación. Cuando elaboré mi lista, describí a la pareja que quería manifestar con detalles muy explícitos: fotógrafo hípster con pelo largo de surfero que estuviera en la treintena y procediera de una familia bohemia y cosmopolita. ¡Superespecífico!

Aunque las características que utilicé suenen algo superficiales, para mí eran muy auténticas y encerraban un sentido concreto. En mi mente, el pelo largo de surfero representaba una actitud relajada y una persona que disfrutara del mar, algo que encuentro muy sanador. Que fuera fotógrafo apuntaba a un espíritu creativo. Lo de bohemio simbolizaba una energía y una ligereza que me atraían. Que fuera un poco mayor que yo indicaba cierta madurez y disponibilidad para tener una relación. El rasgo cosmopolita sugería un estilo de vida chic que me parecía atractivo. Aquellas eran las necesidades fundamentales auténticas de las que debía partir mi manifestación.

Al cabo de un mes salí a tomar algo con una amiga y en la otra punta del bar vi a Ryan. Enseguida nos miramos, y no exagero cuando digo que sentí que era justo como la persona que había descrito.

Cuando empezamos a hablar, comprobé que cumplía el resto de las características que había anotado en mi lista. Era mayor que yo, amable y gentil, artista y diseñador gráfico y, atención, su madre era de París. Y, sí, tenía pelo largo de surfero.

Aunque estoy destacando los elementos más superficiales de la lista para mostrar lo precisa que fue la manifestación de mi nueva pareja, Ryan también reunía todos los elementos emocionales que yo había invocado. La verdad es que tuve la sensación de haber creado a Ryan de la nada. Era absolutamente increíble. Fue entonces cuando me di cuenta de lo potente que es este proceso y de la importancia de elaborar una lista de manifestaciones detallada y rigurosa.

Manifestaciones mayores y menores

En el método de manifestación neural, la lista se divide en dos categorías principales: manifestaciones mayores y menores, que son justo lo que lo que su nombre indica. Por regla general, las mayores son esas cosas importantes que estás preparándote para conseguir y que pueden cambiarte la vida. Constituirán el grueso de la lista y te centrarás en ellas a lo largo de todo el proceso de manifestación.

Si nunca habías practicado este método, es mejor que te enfoques solo en una manifestación mayor, que será la que invoques durante este primer proceso que haremos juntos. Si ya tienes experiencia en la manifestación neural, puedes elaborar una lista más típica, con varias manifestaciones mayores.

Las categorías más comunes de manifestaciones mayores giran en torno a la trayectoria profesional, el dinero, las relaciones y la vivienda. Te darás cuenta de que la mayoría de las historias y los ejemplos de los que hablo a lo largo del libro encajan en estas categorías, sencillamente por lo universales que son. Sin embargo, no es obligatorio que te limites a ellas. Este proceso funciona del mismo modo para cualquier tipo de manifestación.

También es importante recordar que, aunque la mayoría de las técnicas de manifestación se centran en lo externo, en nuestro método, las manifestaciones mayores pueden ser tanto externas como internas. Gracias al proceso de manifestación neural, mucha gente ha logrado cambios internos importantes como un aumento de la autoestima, mayor seguridad al hablar en público o curarse de las secuelas de un problema de confianza. Tú puedes elegir en qué te quieres centrar.

Aparte de la lista donde anotes tu manifestación o manifestaciones mayores, también es importante que elabores otra con unas pocas manifestaciones menores. Este es un paso importante tanto si tienes experiencia en este trabajo como si no. Las manifestaciones menores se refieren normalmente a objetos materiales y suelen ser puntuales. Las llamas a tu vida no solo porque las quieras, sino también para desarrollar lo que yo llamo el «músculo de la confianza», que es tu creencia subconsciente en este proceso.

Conectar con esas manifestaciones menores te ayudará a confiar en que el proceso funciona y te permitirá empezar a encontrar tu ritmo personal y comprobar cómo se va configurando en tu caso. Ejemplos de manifestaciones menores pueden ser cosas como una taza de café gratis en tu cafetería favorita, unos vaqueros nuevos de una marca específica que encuentras en las rebajas o un vuelo barato para las vacaciones.

Cuanto mayor sea el número de manifestaciones menores con las que logres conectar, más fuerte será el desarrollo del músculo de la confianza. Por el camino, empezarás a comprender lo que funciona mejor y lo que no funciona en tu propio proceso personal de manifestación, lo que te ayudará a manifestar cada vez más deprisa.

Por ejemplo, una de las primeras manifestaciones menores que logré mientras desarrollaba el método fueron unos vaqueros *vin-*

tage 501. No los encontraba por ningún sitio, así que los puse en la lista de manifestaciones menores. Al poco tiempo fui a una tienda de segunda mano de Los Ángeles y allí estaban: unos de mi talla exacta. Esa experiencia consolidó realmente el poder de este proceso para mí y me mostró la diversión que podía entrañar invocar manifestaciones menores.

Si nunca has hecho este trabajo de manifestación, es especialmente importante que al principio te enfoques en manifestaciones menores. Te vendrá bien desarrollar el músculo de la confianza en el proceso antes de empezar a bailar con el universo en torno a las manifestaciones mayores.

Por ejemplo, cuando Nadine empezó a practicar el método, su compañera de piso acababa de irse del apartamento para vivir con su novio. Nadine se alegraba por ella, pero, por supuesto, la echaba de menos. También echaba de menos un objeto en particular que había pertenecido al abuelo de la compañera de piso y que se había llevado consigo: un sillón antiguo de cuero. Nadine había disfrutado mucho tomando café todas las mañanas en aquel sillón tan cómodo. Así que cuando elaboró la lista de manifestaciones menores, incluyó un nuevo sillón para reemplazar el de su compañera de piso.

Al cabo de una o dos semanas, Nadine salió de casa para hacer unos recados y vio en la acera un precioso sillón que alguien había dejado allí y que estaba en buenas condiciones. Al volver a casa más tarde, el sillón seguía en el mismo sitio. Y no solo eso, sino que resultó que estaba por allí cerca una amiga de Nadine, que pudo ayudarla a subir el mueble a su apartamento. Encajaba perfectamente en el lugar que había ocupado el sillón de cuero, y Nadine me dijo que aquel nuevo sillón le gustaba incluso más que el original. Y no solo le encantaba el sillón en sí, sino que, además, cada vez que se sentaba en él, sentía fe y esperanza renovadas en que sus manifestaciones mayores gravitaban muy cerca.

Las reglas de la lista

Antes de empezar a elaborar tu lista de manifestaciones menores y mayores, has de tener en mente unas reglas. Confía en mí: merecerá la pena todo el tiempo que dediques a entender estas reglas, pues te ayudarán a invocar tus manifestaciones lo más rápido posible.

La manifestación debe ser realista en un plazo de seis a nueve meses

Cuando tenía veintipocos años y practicaba métodos de manifestación supersticiosos, creaba paneles de visualización llenos de fotos de mansiones en Malibú. Aquello era lo que quería: una mansión en Malibú con todos los lujos, incluida una piscina de diseño desbordante, una sauna, una zona de gimnasio, etcétera.

En retrospectiva, me resulta absolutamente obvio que había dos problemas con esa manifestación. Uno es que partía por completo del ego. Aquella mansión no tenía nada que ver con mi autenticidad. La buscaba puramente como una forma de validación externa. Para mí, la mansión de Malibú era el símbolo máximo del éxito. Si vivía en una mansión en Malibú, querría decir que lo había conseguido, que tenía seguridad material y la admiración de todo el mundo. No hay nada de malo en eso, pero no era más que ego.

Aunque es posible que mi casa actual cueste lo mismo que el tipo de mansión que yo trataba de invocar, no es un lugar ostentoso. Tiene un diseño de madera encantador y alberga una granja con numerosos animales, algo mucho más en consonancia con los deseos verdaderos de mi alma, razón por la que fui capaz de manifestarla.

En segundo lugar, incluso aunque hubiera habido esa sintonía entre la manifestación y mi yo auténtico, no era realista para mí manifestar esa casa de Malibú en un plazo de seis a nueve meses. Ni yo tenía el nivel apropiado de autoestima subconsciente ni «había visto para creer» que me fuera posible vivir en aquel tipo de casa, considerando la modesta cantidad de dinero que estaba ganando en aquella época. Piénsalo por un momento: quería manifestar una mansión en Malibú con una piscina de diseño desbordante mientras trabajaba de camarera en un club de comedia y ganaba doscientos dólares a la semana. Estaba demasiado alejado de mi realidad del momento.

Esto no implica que no puedas desear tener una mansión en Malibú o cualquier cosa equivalente. Sin embargo, para conectar con ese deseo, a la vez que te aseguras de que la manifestación está alineada con tus deseos auténticos, necesitas ir paso a paso. Puedes manifestar cualquier cosa que desees de manera auténtica, pero no puedes tomar atajos.

Todo lo anterior nos lleva a la regla número uno: la manifestación mayor tiene que ser realista en un plazo de seis a nueve meses. Necesitas ser muy claro sobre lo que es plausible lograr en este plazo, y tratar de encontrar el equilibrio adecuado. Si las posibilidades de que consigas ese deseo auténtico en los siguientes seis o nueve meses son escasas, plantéate comenzar manifestando solamente una versión mejorada de algo que ya esté en tu vida. Así tendrás tiempo para avanzar con el resto del proceso y acabar logrando el objetivo mayor más adelante. En mi caso, empecé a invocar apartamentos que estuvieran más alineados con mi yo auténtico que el lugar donde vivía en aquel momento. A día hoy creo que la casa soñada que he logrado manifestar me da más felicidad y se corresponde mucho más con mi deseo auténtico que la que trataba de manifestar partiendo del ego.

Las manifestaciones tienen que ser específicas

Además del hecho de que las fotos bonitas no hacen nada para cambiar la autoestima subconsciente, uno de los principales problemas de mis paneles de visualización de aquella época consistía en que no eran lo bastante específicos. Digamos que quieres manifestar una relación, por lo que incluyes en el panel de visualización la imagen de una pareja adorable que camina por la playa de la mano. Esa foto será muy bonita, pero ¿qué dice realmente sobre el tipo de relación y de pareja que deseas auténticamente? Para el universo y para tu mente subconsciente, esas personas son totalmente aleatorias. Pero tú no quieres alguien aleatorio, ¿verdad? ¡No! Quieres un tipo concreto de pareja y de relación, que son las que desea tu alma y las que te mereces.

¿Cómo lo puedes conseguir? Elaborando una lista específica. No quieres manifestar solo «una buena relación», «un trabajo mejor» o «una casa más bonita». Estas cosas son positivas, pero demasiado imprecisas. Así que escribe exactamente lo que quieres y lo que es auténtico para ti con el mayor detalle posible.

Esta regla de especificar es aplicable tanto a las manifestaciones mayores como a las menores. Por ejemplo, cuando Layla empezó con el método, se puso a hacer pruebas con las manifestaciones menores para desarrollar el músculo de la confianza. Llevaba tiempo pensando en comprarse un reloj inteligente de Apple, pero el nuevo modelo superior que realmente quería se le salía del presupuesto. Así que escribió que quería invocar ese modelo específico a un precio más bajo.

Esa misma tarde, mientras navegaba por la web de una gran superficie, buscando algo que no tenía nada que ver con el reloj, vio que ofrecían justo el modelo que quería y ¡a mitad de precio! Así que Layla compró el reloj, que le sirvió como excelente recordatorio de lo bien que funciona este proceso mientras sea específico y se haga paso a paso.

A algunas personas les parece que ser específico en la lista es comprometerse demasiado. Piensan: ¿y si hay algo aún mejor? ¿No estaré limitándome al especificar tanto? No debes preocuparte por eso en absoluto, porque el universo reflejará el nivel de tu autoestima subconsciente.

De todas formas, si te preocupa comprometerte con una manifestación específica, podría ser porque no te sientas completamente merecedor de lo que estás tratando de manifestar. Esta sería una señal de que necesitas seguir trabajando en el proceso. Ten en cuenta que, mientras elabores la lista partiendo de tu autenticidad y hagas el trabajo necesario, este proceso y sus manifestaciones no tienen límite alguno.

Las manifestaciones deben estar en consonancia con tu código auténtico

Esta regla es crucial. Como seguramente entiendes ya, si las manifestaciones no se ajustan a tu código auténtico, estarás tratando de manifestar a partir del ego, lo que hará más difícil que conectes con ellas. Y, si eres capaz de conectar con ellas, notarás que no te aportan felicidad. Para que las manifestaciones hablen a tu alma, han de estar alineadas con tus valores fundamentales, es decir, tu código auténtico.

Por ello, mientras escribes la lista, usa tu código auténtico como si fuera un filtro y relaciona cada elemento de la lista con esos valores principales. Pregúntate: «¿Se corresponde esto con mis cuatro pilares fundamentales?». Si es así, añádelo a la lista con toda confianza. Si no, ponte a pensar en qué necesidad estás tratando de cubrir con esa manifestación en concreto. ¿Es para impresionar a los demás o para conseguir la aprobación de alguien en particular? ¿Qué otra cosa podrías manifestar que, en cambio, te llenara a nivel del alma?

Las manifestaciones deben reflejar tus necesidades fundamentales

Al hablar del código auténtico, explicamos la importancia de comprender las necesidades fundamentales que subyacen a tus deseos auténticos. Estas necesidades reflejan tus valores auténticos y tienen todo que ver con cómo quieres que te hagan sentir tus manifestaciones. La propia manifestación no es más que un vehículo concreto para esa necesidad fundamental. Dicho con otras palabras, la manifestación es la manera en que accedes a lo que quieres sentir. Y la necesidad fundamental es eso que quieres sentir.

La verdad es que hay muchos vehículos posibles distintos, es decir, manifestaciones distintas, que pueden satisfacer la misma necesidad fundamental. Por ejemplo, si queremos sentir una conexión profunda, a nivel del alma, podríamos experimentarla con muchas personas distintas y en distintos tipos de relación. Por ello, cuando decimos que la lista sea específica, recuerda que es mejor centrar la especificidad en la necesidad fundamental que quieres satisfacer, en lugar de en el vehículo para conseguirlo. Así te abrirás a que te llegue el vehículo apropiado para satisfacer esa necesidad.

Vamos con un ejemplo. Cuando mi cliente Marianna estaba elaborando su lista, se centró en manifestar una pareja. Al principio dijo que quería manifestar un hombre pelirrojo y británico. ¡Bastante específico, desde luego! Le pregunté qué representaban esos rasgos para ella y, tras la conversación que sostuvimos, se dio cuenta de que asociaba a los chicos pelirrojos británicos con personas que tenían un gran sentido del humor. Esto último era lo que ella quería invocar realmente: una relación con alguien que tuviera un gran sentido del humor. Los rasgos específicos de ser británico y pelirrojo eran solo posibles vehículos para satisfacer su verdadera necesidad fundamental.

Mientras elabores la lista, pregúntate: «¿Esto refleja una necesidad principal o solo un posible vehículo para satisfacerla? ¿Cuál es realmente la esencia de lo que estoy pidiendo?». Tómate tu tiempo para investigar por qué son tan importantes para ti ciertas cosas. Esta comprensión te ayudará a crear una lista que acabe satisfaciendo esas necesidades fundamentales de maneras que podrían sorprenderte.

Experimenté esto en persona con Max, que acabaría siendo mi compañero de vida. La relación con Ryan duró cinco años. Cuando nos conocimos, yo no estaba segura de querer tener hijos; Ryan, en cambio, lo descartaba con total seguridad. Al cabo de unos años, durante los que conecté cada vez más con mi autenticidad, me di cuenta de que sí quería ser madre. Fue muy difícil y doloroso dejar la relación que tenía con Ryan, pero sabía que era necesario para vivir la vida que me correspondía.

Tras separarme de Ryan, añadí como característica a mi lista de manifestaciones que mi nueva pareja hubiera cumplido los cuarenta años, bastante más edad de la que yo tenía entonces. Por eso me supuso un conflicto enorme conocer a Max, que es más joven que yo. A pesar de nuestra conexión inmediata y del hecho de que cumpliera el resto de las características de mi lista, al principio me resistí a iniciar una relación con él, pues, debido a su edad, creía que no era la pareja que yo quería atraer.

Me llevó un tiempo caer en la cuenta de lo que representaba para mí esa característica que le faltaba a Max. ¿Cuál era la esencia de lo que yo quería invocar? Me percaté de que, al especificar que buscaba alguien de más edad, lo que quería en realidad era una persona que estuviera preparada emocional y económicamente para fundar una familia, y asumí que alguien de más edad estaría más dispuesto a sentar la cabeza que un hombre de mi edad o más joven. La edad propiamente dicha era solo una cifra al azar que se basaba en mis observaciones sobre cuándo parecía que maduraban la mayoría de los hombres en Los Ángeles.

El caso es que, para su edad, Max era muy maduro y estable a nivel económico, y cuando le conté lo importante que era para mí tener hijos a corto plazo, se mostró totalmente dispuesto. Al centrarme en las necesidades fundamentales, me di cuenta de que él reunía verdaderamente todo lo que yo quería. Así fue como aprendí que lo que importa realmente es la esencia de lo que estás invocando, no el vehículo específico con el que se satisface esa necesidad.

Las manifestaciones no pueden ser personas u objetos concretos

Uno de los errores que más a menudo se cometen al tratar de manifestar es poner en la lista objetos determinados o personas concretas que quieras atraer a tu vida. Por ejemplo, dicen: «Quiero tener una relación con Stephen» o «Quiero comprar la casa blanca de la esquina de tal calle, la del porche que rodea toda la fachada». Sin embargo, la manifestación no funciona así.

He visto a mucha gente que acaba decepcionada porque no consigue manifestar este tipo de objetos determinados o personas concretas. A veces pierden confianza en el proceso y terminan abandonando. No quiero que te pase lo mismo a ti.

Existen varios problemas con este tipo de manifestaciones de objetos determinados. En primer lugar, como he explicado un poco más arriba, se centran demasiado en un solo vehículo potencial de la necesidad fundamental, en lugar de en la necesidad propiamente dicha. Además, estos deseos tan específicos pueden ser demasiado restrictivos, o incluso podrían no ser, en realidad, tan apropiados como crees. Por ejemplo, quizá la casa blanca de la esquina te parece perfecta, pero tenga un daño estructural grave cuyo arreglo acabarías pagando si la comprases. Y quizá Stephen ahora te parezca genial, pero podría haber varias razones por las que no seríais felices juntos.

La inteligencia del universo sobrepasa con creces lo que creemos queremos: esa persona, ese trabajo o esa casa específicos. Deja que el universo te ofrezca una versión aún más perfecta de tu deseo auténtico.

Si te tienta poner en la lista una persona u objeto concretos, ahonda un poco para llegar a la raíz de esa necesidad. ¿Cómo te haría sentir esa manifestación? ¿Cuál es la esencia de lo que estás tratando de invocar? Usa estas respuestas para elaborar una lista que tenga que ver con satisfacer tus necesidades fundamentales, en lugar de con atraer cosas o personas concretas a tu vida.

Por ejemplo, si cuando estás con Stephen te sientes realmente querido y valorado, y eso es lo que quieres en una pareja, ¡fenomenal! Pon en la lista que quieres estar en una relación con alguien que te haga sentir querido y valorado. Podría ser que esa casa de la esquina te recuerde a cuando ibas a casa de tu abuela de pequeño, y te haga sentir seguro y protegido. Fantástico. Anota que quieres manifestar una casa que te haga sentir seguro y protegido. Confía en que el universo te proporcionará exactamente lo que deseas… o algo mejor. ¡Sé siempre específico a la vez que dejas espacio para cosas mejores!

No puedes manifestar para otras personas

Como mi madre era tan joven, nuestra relación cuando yo era pequeña carecía por completo de límites. Dormimos en la misma cama hasta que cumplí once años, y yo siempre estaba tratando de satisfacer sus necesidades, en lugar de tener mis propias experiencias emocionales. Vivíamos en una simbiosis malsana desde el punto de vista psicológico.

Cuando tenía once años, mi madre cayó en el alcoholismo. Como muchos hijos de personas alcohólicas, me pasé años luchando contra la codependencia, situación que se produce cuando una persona depende emocionalmente en exceso de otra. En estos casos, el estado emocional de esa otra persona nos afecta más de la cuenta, y no es sano.

Aprendí por las malas que no podemos manifestar para otras personas. A veces me sigue costando aceptarlo, pero la verdad es que no hay vuelta de hoja. Por mucho que quiera, no podré manifestar que mi madre tenga más estabilidad o que deje de beber. Nadie puede manifestar para ti. Y tú tampoco puedes manifestar para nadie más que para ti.

Cada uno de nosotros estamos embarcados en nuestro viaje particular de hacer corresponder nuestra autoestima subconsciente con nuestros pensamientos y deseos conscientes. No es posible cambiar la autoestima subconsciente de otra persona (ni sus pensamientos conscientes); no podemos desempeñar un papel en su proceso. Por ejemplo, si tratas de manifestar un trabajo ideal para tu pareja, pero su autoestima subconsciente sobre su trayectoria profesional no está alineada con esa manifestación, no funcionará.

Por supuesto, es normal querer atraer cosas positivas a la vida de otras personas. Pero todo el mundo tiene libre albedrío y se encuentra embarcado en su propio viaje auténtico. Por ello, es importante que aceptes que no puedes manifestar para otras personas. Este proceso va sobre ti. Piensa que cuanta más plenitud alcances, cuanto más feliz seas y más alineado estés con tu yo auténtico, en mejor posición estarás para influir en otras personas de manera positiva nada más que siendo tú mismo. Céntrate en eso y, con suerte, la gente que te rodea se sentirá inspirada por tu éxito y motivada para embarcarse en su propio viaje o para continuarlo.

La manifestación no puede tener plazos estrictos

Aunque las manifestaciones han de ser realistas a un plazo de seis o nueve meses, no deben conectarse a un plazo específico. Por ejemplo, evita poner en la lista cosas como «Necesito un trabajo nuevo para el 1 de septiembre» o «Quiero manifestar una casa nueva en un plazo de seis meses» o «Cuando llegué Navidad quiero estar en un relación». Por muy difícil que te resulte, tienes que confiar en el universo y su sincronía divina. Desde luego, no hay nada más decepcionante que poner una fecha en la lista y que la manifestación no se concrete.

En capítulos posteriores, veremos más sobre los tres pasos de este proceso, que son ampliar, desbloquear y actuar alineado con tu yo auténtico. El modo en que vayas de un paso a otro determinará lo rápido que serás capaz de manifestar. Pero no hay ninguna manera de predecir el plazo en el momento presente. Céntrate en trabajar los pasos del proceso, y todo se irá desarrollando exactamente a su debido tiempo.

Mientras tanto, trata de conectar con algunas manifestaciones menores para desarrollar el músculo de la confianza. A medida que se fortalezca tu creencia en el proceso, verás que las otras manifestaciones empiezan a ocurrir más deprisa. Cuanto más lo repitas, más creerás, más ampliarás tu subconsciente, más bloqueos desharás, más alineado estarás con tu yo auténtico ¡y más manifestarás! Confía en ese ciclo y olvídate de plazos arbitrarios. El universo sabe mejor que tú cuándo es el momento adecuado.

No compliques la práctica de la manifestación

Si has practicado otras formas de manifestar, puede que estés acostumbrado a un proceso de manifestación complicado y creas que es necesario hacerlo en luna nueva o con cristales o con otro tipo de intensificadores. Si te gustan estas cosas y forman parte de tu práctica espiritual, no lo dejes, por supuesto; se trata de intensificadores muy bellos. Pero la verdad es que no necesitas en absoluto nada fuera de ti para manifestar. Me encantan los cristales, así como trabajar con la luna. Pero nada de eso es necesario para que funcione el proceso de manifestación neural. Lo mismo que tampoco lo son las afirmaciones, hacer como si ya se tuviera algo antes de tenerlo, y otras cosas por el estilo.

Puedes manifestar en cualquier momento y lugar; tú y tu lista, no necesitas nada más. A veces nos apegamos a esos intensificadores y se convierten en muletas o nos distraen del trabajo que tenemos que hacer. Úsalos solo si de verdad mejoran tu práctica.

También te sugiero que simplifiques el proceso escribiendo la lista con bolígrafo y papel. Como el proceso de escritura manual activa en el cerebro las vías neuronales que se establecieron en la infancia cuando aprendiste a escribir, es más fácil acceder a las creencias subconscientes que se formaron en ese periodo. Al usar un dispositivo digital, no estarás accediendo a la misma parte del cerebro. Si quieres tener una versión digital de la lista, plantéate confeccionarla primero en papel y luego duplícala digitalmente.

Crea la lista

Ahora que conoces las reglas, ya estás preparado para escribir la lista. De hecho, harás dos: una para las manifestaciones menores y otra para las mayores.

Quizá quieras ser superespecífico y anotar todos los aspectos que deseas atraer, o quizá prefieras centrarte solo en lo básico, dejando los detalles para el universo.

Elijas lo que elijas, recuerda centrarte en la esencia principal de cómo quieres que te haga sentir esa manifestación. Además, no hay un número concreto de manifestaciones que tengas que escribir. A los efectos de este libro, te sugeriría que anotaras solo una manifestación mayor y unas pocas menores para trabajar el músculo de la confianza.

Aquí tienes unos ejemplos que te darán una idea de cómo podría ser tu lista:

Ejemplos de lista larga y superespecífica:

UN NUEVO APARTAMENTO
1.400 dólares al mes, sin fianza
Paredes blancas, suelo de madera, mucha luz
Echo Park, Venice o Laurel Canyon
Suministros incluidos
En la zona de las colinas
Con aparcamiento
Con verde y árboles alrededor
Lavandería
Electrodomésticos nuevos
Cocina abierta

UNA PAREJA
Fiable
Persona creativa
Le gusta viajar
Le gusta reír, temperamento lúdico
Tiene empuje
Sabe apoyar
Escucha
Es como un amigo íntimo
Desea la monogamia
Quiere una familia
Sabe comunicarse
Tiene su propia práctica espiritual
Hay mucha química entre nosotros

UN TRABAJO NUEVO
Función creativa
6.000 dólares al mes
Trabajar con alguien que me inspire
Horario flexible
No trabajar fines de semana
Poder teletrabajar
Aprender una habilidad que me sirva para el trabajo de mis sueños
Me motiva
Prácticas saludables de trabajo en equipo

Ejemplos de lista breve centrada en la esencia principal:

UN NUEVO APARTAMENTO
Menos caro que el actual
En el lado más nuevo de la ciudad

Da sensación hogareña
Tiene mucha luz
Con aparcamiento

UNA PAREJA
Fiable
Le gusta reír
Me genera confianza y seguridad
Es como un amigo íntimo
Hay buena comunicación
Hay química

UN TRABAJO NUEVO
Función creativa
Entre 4.000 y 6.000 dólares al mes
Trabajar con alguien que me inspire
Horario flexible
Me deja tiempo para la familia
Me motiva

¡Ya puedes escribir tu lista! Luego prepárate, porque al confeccionarla pones en marcha la manifestación, que empezará a orbitar a tu alrededor. Así que estate alerta. El universo empezará a presentarte pruebas, detonantes emocionales y oportunidades que te irán acercando más a tu manifestación, pero ahondaremos en eso más adelante. Ahora que has confeccionado la lista oficialmente, te toca ponerte a trabajar en los distintos pasos del proceso de manifestación: ampliar, desbloquear y actuar alineado con tu yo auténtico.

A medida que evoluciones, amplíes tu subconsciente y encarnes tu yo auténtico, puede que te des cuenta de que necesitas cambiar algunas cosas de la lista. Por ejemplo, quizá te des cuenta de que algún punto estaba allí para aplacar una herida o alimentar el ego, o que sencillamente ha dejado de estar en consonancia con tu yo auténtico. Puedes sustituirlo por algo que hable a tu alma de manera más directa. Es muy bonito ver que la lista armoniza cada vez más con tus deseos auténticos.

PUNTOS CLAVE

✓ En la lista anotarás manifestaciones menores y mayores. Las menores te ayudarán a fortalecer el músculo de la confianza y te permitirán ver para creer que pueden concretarse las manifestaciones mayores, las cuales te cambiarán la vida.

✓ Las manifestaciones han de ser realistas en un plazo de seis a nueve meses (¡no te engañes!), específicas, estar en consonancia con tu código auténtico y reflejar una necesidad fundamental. No debes centrarlas en una persona u objeto concretos, no puedes hacerlas para otra persona y no deben tener un plazo estricto.

✓ Para manifestar solo hacéis falta tú y tu lista. No necesitas paneles de visualización ni otros intensificadores. Poner por escrito la esencia fundamental de lo que deseas de verdad es mucho más importante que aferrarse a prácticas supersticiosas.

MOMENTO MAGNÉTICO:
Depura la lista

- Repasa la lista de manifestaciones mayores y menores y analiza cada elemento teniendo en cuenta lo siguiente:

- ¿Cumple esta manifestación las reglas que hemos visto más arriba?
- ¿Es realista que se dé esta manifestación en un plazo de seis a nueve meses?
- ¿Los aspectos de la lista parten de necesidades fundamentales o del ego?
- ¿Estoy manifestando para otra persona?
- ¿Estoy queriendo manifestar un objeto determinado o una persona en concreto?
- ¿Estoy poniendo un plazo estricto?

- ¿Estoy dejando alguna cosa fuera de la lista porque «no es tan importante»? Esta idea podría provenir de tener baja autoestima en esa parcela, así que apúntate que tienes que volver a examinar ese punto durante el paso de desbloqueo que veremos más adelante.

- Una vez que la lista sea óptima, usa tu código auténtico como filtro para asegurarte de que está alineada con tu yo auténtico. Para cada manifestación mayor, escribe lo siguiente:

  - ¿Qué parte de mi código auténtico refleja esta manifestación?
  - ¿Cómo mejorará mi vida esta manifestación?
  - ¿Cómo me sentiré cuando se dé la manifestación?

4

Considerar las pruebas como oportunidades para crecer

A los treinta, tuve que afrontar la realidad de poner fin a mi relación de cinco años con Ryan. Había llegado por fin al convencimiento de que quería tener hijos, y Ryan siempre había sido claro sobre su postura de que no los deseaba.

Aunque sabía lo que tenía que hacer, fue increíblemente difícil acabar con esa relación, y me daba mucho miedo. No solo era que Ryan hubiera formado parte de mi vida en grado sumo durante tanto tiempo, sino que además quería mucho a su familia. Con treinta años, iba a estar sin pareja por primera vez en mucho tiempo y tenía que volver a empezar, cuando muchas mujeres de mi edad estaban casándose o tenían su primer hijo.

Otra cosa que me daba miedo de romper con Ryan era el apoyo económico que él suponía. Para entonces, me había dado cuenta de que no tenía el deseo auténtico de ser actriz, y había empezado a practicar mis pasiones verdaderas. Estrené un blog donde escribía sobre hierbas y otros adaptógenos, así como todo lo relacionado con una vida holística, y también trabajaba como chef holístico para particulares. Estaba acercándome a una vida que se correspondía con mis deseos auténticos, pero no ganaba mucho dinero. Mi autoestima con el dinero y la seguridad económica ha sido siempre mi talón de Aquiles a causa de mi infancia tumultuosa. A los siete años ya había vivido en cinco apartamentos distintos con mi joven madre, que estaba siempre sin blanca.

Sabía que tenía que trabajar mi autoestima subconsciente en torno a la seguridad económica y el amor. Necesitaba curar esas heridas para manifestar la vida y el nivel de abundancia que quería. Estaba trabajando en todo eso, pero la ruptura suponía un salto enorme y aterrador: algo a lo que llamo «saltar al abismo».

Cuando puse fin a la relación, empezaron a aparecer inmediatamente pruebas. Las pruebas son oportunidades, situaciones y detonantes emocionales que te obligan a preguntarte si vas a seguir conformándote con menos de lo que te mereces, o si estás dispuesto a fijar límites y usar la palabra «no», exteriorizando de esa manera que estás ya preparado para aumentar tu autoestima. En mi caso, al cabo de cinco semanas de la dolorosa ruptura, me encontraba haciendo senderismo con mi perro cuando, de la nada, apareció otro perro, que nos atacó. En medio del caos, mi propia perra, que es un cielo, se equivocó y me mordió a mí en lugar de al perro atacante.

Allí estaba yo, que acababa de pasar por una ruptura devastadora con la persona que habría podido ser el padre de mis hijos, comenzando de nuevo a los treinta, sabiendo que quería ser madre mientras sentía la presión del reloj biológico, habiendo perdido gran parte de mi apoyo económico al romper aquella relación, tratando de averiguar cómo hacer para mantenerme a flote y, de repente, aquella mordedura, mi perra herida y una factura enorme del veterinario y del médico que no tenía ni idea de cómo iba a pagar.

En aquel momento me sentí como si hubiera vuelto a tocar fondo. Hoy, al mirar atrás, me doy cuenta de que se trataba de una prueba que me puso el universo para comprobar si había aumentado mi autoestima y si creía de verdad subconscientemente que merecía tener una situación económica que me permitiera pagar ese tipo de facturas con facilidad. ¿Respondería con autoestima alta y hallaría una manera de pagar las facturas o, por mi baja autoestima, me rendiría y hasta me rebajaría a volver con una pareja que sabía que no era la que cumplía los designios de mi yo auténtico?

La orquestación divina

En el momento en que confeccionas la lista, el universo comienza a orquestar todo en tu vida a fin de que te prepares para conectar con tus manifestaciones. Me gusta decir que, en el momento en que confeccionas la lista, la manifestación empieza a orbitar a tu alrededor. Sin embargo, antes de que puedas conectar con tus manifestaciones, el universo necesita saber si tu autoestima está verdaderamente alineada con tus deseos auténticos. Tiene que comprobar si te conformarás con el antiguo comportamiento de baja autoestima al que has recurrido en el pasado. Para ello, empezará a mandarte pruebas.

Como ya he dicho, las pruebas son oportunidades, situaciones y detonantes emocionales que te obligan a preguntarte si vas a continuar conformándote con menos de lo que te mereces o si por fin estás dispuesto a fijar límites y usar la palabra «no», indicando así que estás listo para aumentar tu autoestima. Las pruebas suelen estar relacionadas con creencias limitantes sobre la autoestima, patrones de conducta que se repiten o hábitos antiguos. A veces, las pruebas pueden dar miedo o ser bastante duras, como me ocurrió a mí con el ataque del perro (y las enormes facturas a las que dio lugar). Pero también pueden ser muy atractivas y tentadoras. Por ejemplo, imagina que Ryan se hubiera acercado a mí después del ataque del perro y me hubiera planteado volver a estar juntos a pesar de no haber cambiado de opinión respecto a no querer tener hijos: eso habría sido una prueba.

Me gusta pensar en las pruebas como si fueran zanahorias muy apetecibles. El universo te las coloca delante para comprobar si tu autoestima subconsciente ha crecido lo suficiente como para ir a por lo que te mereces o si vas a seguir conformándote con lo mismo que tenías.

La manera en que respondas a una prueba comunica al universo cómo te valoras. Lo cierto es que las palabras, lo mismo que los pensamientos conscientes, no tienen mucha trascendencia en el proceso de manifestación. Lo importante es cómo proyectes tu autoestima subconsciente, es decir, si tus actos reflejan baja autoestima (porque te conformas) o alta autoestima (porque no te conformas).

Ten en cuenta que el sentido de las pruebas no es ponerte un suspenso o un aprobado. Nadie te está juzgando ni examinando ni vas a echarlo todo a perder. Tus actos, sin embargo, sí que pueden acelerar el proceso de manifestación o ralentizarlo. El cómo respondas a las pruebas desempeña un papel muy importante en lo rápido que seas capaz de manifestar.

Si respondes a las pruebas con un comportamiento de alta autoestima y te niegas a conformarte, serás capaz de conectar más rápido con tus manifestaciones. Sin embargo, si continúas conformándote y respondes a las pruebas con actos que indiquen baja autoestima, te llevará más tiempo conectar con la manifestación. No es algo por lo que debas culpabilizarte. Cada persona se mueve a su propio ritmo. Si tardas más es porque no estás preparado aún para pasar a una nueva experiencia en el área en cuestión.

Llamada y respuesta

Seamos o no conscientes de ello, cada vez que manifestamos, afrontamos pruebas. Pueden parecer de poca trascendencia, como una avería del coche, un detonante emocional durante una conversación difícil en el trabajo o un amigo que se toma demasiadas confianzas. Pero también pueden ser más extremas, como ese pretendiente maravilloso que no quiere comprometerse o un jefe absolutamente tóxico.

Cuanto más baja sea tu autoestima o más te hayas conformado en cierta área en el pasado, más pruebas se te presentarán. Al enviártelas, el universo te está preguntando: «¿Vas a continuar subestimándote y conformándote con menos de lo que te mereces?». Las cantidad de pruebas que se te presenten o lo grandes o pequeñas que sean dependerá de cuánto te hayas conformado en el pasado en esa área donde ahora quieres manifestar.

Sin embargo, si deseas manifestar en un área en la que ya tienes una autoestima subconsciente alta, las pruebas serán más sutiles. Es decir, que las pruebas podrán ser bastante obvias al principio y hacerse cada vez más difíciles de reconocer a medida que te acerques a aquello que quieres atraer.

Recuerda que tu realidad es un espejo que refleja tu autoestima subconsciente. Las pruebas específicas que te envíe el universo te revelarán cómo es tu autoestima actual y en qué área necesitas aumentarla para que esté en consonancia con tus manifestaciones. Las pruebas son invitaciones del universo para que accedas a la plenitud y valía de tu yo auténtico.

La forma tan bonita que tiene el universo de trabajar con nosotros es como una serie de llamadas y respuestas: el universo te presenta una prueba y, si respondes con alta autoestima, la siguiente prueba que recibas estará más cerca de tu manifestación. Ese patrón se repetirá hasta que aprendas la lección que necesites integrar en tu vida y estés listo para conectar con la manifestación.

Recibir pruebas cada vez más difíciles es señal de que se están realizando cambios en tu arquitectura neural. El cerebro estará conectando neuronas con nuevas sinapsis, lo que dará lugar a nuevas creencias subconscientes. Es decir, que el proceso ¡estará funcionando! Estos cambios son justo lo que desencadena el proceso de llamada y respuesta.

Sin embargo, es importante entender que afrontar una prueba puede suscitar emociones de supervivencia como el miedo, la ira, la repulsión, la culpa o la tristeza. El cuerpo reaccionará segregando hormonas del estrés, que pueden alterar la capacidad de tomar decisiones. En ese estado de estrés, el cuerpo se centra en la supervivencia, por lo que habrá el doble de probabilidades de que tomemos decisiones que nos ayuden a evitar pérdidas, en lugar de a cosechar una recompensa a medio plazo.

Para el cerebro, conformarse es una buena medida porque le resulta familiar. Nuestra configuración por defecto nos lleva a buscar la seguridad cuando estamos estresados. Y precisamente porque lo más probable es que tendamos a conformarnos, es importante que insistamos en reconfigurar el cerebro con vías neurales de autoestima subconsciente más alta mediante el proceso de ampliar, desbloquear y actuar alineados con nuestro yo auténtico (en el que ahondaremos en los siguientes capítulos). En poco tiempo, estas vías neurales serán más fuertes que las antiguas, al cerebro le parecerán más seguras y será más probable que respondas a las pruebas con un comportamiento que refleje una autoestima alta.

Cuanto más capaz seas de reconocer este proceso tal como es en lugar de temer las pruebas o frustrarte cuando se presentan, más fortalecerás el músculo de la confianza. Considera las pruebas como una muestra de que el universo está bailando contigo a fin de que te conectes con tus manifestaciones.

Mi cliente Meghan lo vivió justo así. Meghan estaba manifestando una pareja, pero, a causa de ciertas experiencias de la infancia, había actuado con muy baja autoestima en sus relaciones anteriores. De hecho, siempre se había conformado con lo mínimo. Sin embargo, en la manifestación que estaba emprendiendo se proponía atraer una relación estable con una persona que quisiera comprometerse de verdad. Esa era la principal prioridad, aunque en su lista había anotado también otras características.

Una vez que Megan confeccionó la lista, el universo empezó a presentarle pruebas. Al principio, nos resultó muy fácil identificarlas: hombres que, en las aplicaciones de citas, pedían fotos de desnudos incluso antes de conocerla; otros que resultaba muy evidente que no estaban dispuestos a comprometerse, y otros que solo estaban buscando un rollo. Las señales de alarma eran muy patentes. Mediante nuestro trabajo juntas, Meghan estaba aumentando su autoestima y respondía a todas esas pruebas en consecuencia, negándose a conformarse. Entonces conoció a James.

A Meghan le sorprendió comprobar que James cumplía prácticamente todas las características de la lista, hasta el más mínimo detalle. Había sido muy específica, y él clavaba desde el signo del zodiaco hasta las prácticas culturales exactas que ella había detallado. Se enamoró perdidamente y estaba segura de que había encontrado lo que buscaba.

Entonces, en la tercera cita, James le dijo que acababa de salir de una relación y no quería lanzarse inmediatamente a otra. Le gustaba mucho Meghan y quería que siguieran conociéndose, pero todavía no estaba listo para comprometerse. Confiaba en que Meghan estuviera dispuesta a seguir quedando con él de manera ocasional y ver qué tal iban las cosas.

Le expliqué a Meghan que, en esa ocasión, el universo le estaba mandando una prueba que era un poco menos obvia, en respuesta a su autoestima más alta, pues, a medida que superamos pruebas más sencillas y crece la autoestima subconsciente, las pruebas se vuelven cada vez más difíciles de superar y de reconocer.

Es como si el universo estuviera diciendo: «Seguro que te sientes merecedor de lo que estás queriendo atraer y no te conformarás con menos? ¿Y ahora? ¿Y ahora?». En el caso de Meghan, James era una prueba acorde con el nivel de autoestima que había alcanzado. De manera subconsciente, su autoestima había crecido lo suficiente para creer que se merecía tener una pareja que cumpliera todas las características que había especificado, salvo la del compromiso real.

Por supuesto, todo eso estaba ocurriendo en el subconsciente de Meghan. La decisión de si quería continuar o no con James le resultaba difícil. Le gustaba mucho, sentía conexión con él y cumplía muchas de las cosas que ella quería en una pareja. Hasta empezó a decirse que quizá no necesitaba verdaderamente un compromiso en ese momento.

Sin embargo, le expliqué que, desde el punto de vista de la manifestación, la elección estaba clara: Meghan podía seguir viendo a James, lo que significaría que se conformaba con alguien que no representaba todas las prioridades que ella había establecido, o podía pasar página y generar así el espacio necesario para que apareciese otra persona que estuviera dispuesta a comprometerse de la manera que ella de verdad quería.

Lanzarse al fuego

Quiero dejar claro que no habría pasado nada si Meghan hubiera seguido viendo a James. Sin embargo, si lo hubiera hecho, no habría podido darse la manifestación completa que ella buscaba. La pareja con la que Meghan habría estado en total consonancia habría tenido que esperar hasta que ella dejara de estar dispuesta a conformarse con alguien que no deseaba lo mismo que ella (por muy cosa del destino que pareciese esa persona o apetecible que resultase la zanahoria).

Cuando hablo con gente que, como Meghan, se ve tentada por este tipo de prueba, a menudo los animo a que «se lancen al fuego» si no están verdaderamente preparados para responder mostrando una autoestima alta. He comprobado muchas veces que cuanto antes se quemen, más rápido adoptarán la postura de no querer volver a tocar el fuego. Y así se dan cuenta de que han respondido a la prueba conformándose y de que necesitan aumentar la autoestima en esa área. Como he dicho antes, no es que hayan suspendido o fracasado. Simplemente se han dado otra oportunidad para aprender la lección y continuar con el crecimiento que necesitan. ¡Es un regalo!

Cuando hablé de todo esto con Meghan, se lanzó al fuego con James. Siguieron viéndose y a las pocas semanas resultó claro que la definición de James de «citas ocasionales» difería de la de Meghan. James seguía quedando y acostándose con otras mujeres, mientras que a Meghan le gustaba él tanto que no sentía deseo por otras personas. Meghan pasó un tiempo diciéndose que al final James la elegiría a ella, pero la verdad es que le dolía cuando James le decía que estaba liado y no podía quedar, y ella sabía que probablemente era porque había quedado con otra mujer.

La gota que colmó el vaso fue una noche en que Meghan había salido con James. De camino al baño, este se detuvo a charlar con un grupo de mujeres que había en una mesa próxima. Al principio, Meghan asumió que James las conocía, porque no iba a ponerse a hablar con ellas cuando había quedado para salir con Meghan, ¿no? Pero entonces vio que James sacaba el móvil y se lo pasaba a una de las mujeres, que tecleó su número.

Meghan contempló aquello en estado shock, disgustada, herida y enfadada, pero no solo con James, sino también con ella misma. ¿Cómo había podido caer en otro juego de falta de compromiso con una persona que pedía a otra mujer el número de teléfono durante una cita con ella? En aquel momento supo que James no era la persona que estaba buscando. Y, aún más importante, se dio cuenta de que la razón de que siguieran repitiéndose los mismos patrones en su vida sentimental era que tenía trabajar más en esa área a fin de estar lista para la pareja apropiada.

Aunque no deseo este tipo de experiencia o de dolor a nadie, Meghan y yo exploramos qué cosas positivas podría extraer de su experiencia de lanzarse al fuego. Inmediatamente se tomó más en serio los demás pasos del proceso de manifestación, con el fin de aumentar su autoestima. Supo que estaba completamente lista para conectar con su manifestación cuando dejaron de aparecer tantos hombres como James en su vida y cuando los que aparecían no le resultaban nada tentadores.

Puede tener lugar un proceso similar con cualquier cosa que quieras manifestar. Por ejemplo, si estás manifestando tu carrera profesional, podrías recibir una serie de ofertas de trabajo que no encajen nada contigo. Luego, lentamente, podrías empezar a encontrar oportunidades que estén más cerca de tu lista, pero a las que aún les falte un elemento esencial, como el salario apropiado o un jefe con el que conectes. Si te lanzas al fuego y aceptas un trabajo que no esté en consonancia contigo, averiguarás exactamente en qué aspecto de tu autoestima has de trabajar. Cuanto antes te des cuenta de ello y empieces a dedicarte a ese aspecto, antes podrás mejorar tu autoestima subconsciente. Sabrás que estás listo cuando no te tiente conformarte con menos que tu manifestación plena y cuando ya no necesites que se te ponga a prueba.

CÓMO IDENTIFICAR UNA PRUEBA

«¿Es esto una prueba?». He aquí una de las preguntas que más a menudo me hacen los miembros de la comunidad TBM. Para contestarla he creado una lista sencilla de comprobación que puedes aplicar a cualquier situación. Si contestas afirmativamente a cualquiera de las siguientes preguntas, te encuentras ante una prueba:

- «¿Se entromete en un límite que he establecido?».
- «¿Me hace sentir culpa o vergüenza?».
- «¿Me hace conformarme o infravalorarme?».
- «¿Incide en alguna inseguridad, herida fundamental o sombra en la que deba trabajar?».

Si has contestado que sí a alguna de estas preguntas y te has percatado de que la situación es una prueba, entusiásmate, porque quiere decir que tu manifestación está orbitando a tu alrededor y que estás empezando a tener oportunidades de mejorar tu autoestima.

Los dos tipos de pruebas

Las pruebas se presentan en dos formas distintas: como oportunidades y como detonantes emocionales. Es importante entender ambas para poder reconocerlas y o bien responder con actos que denoten alta autoestima o bien usarlas como oportunidades para mejorarla.

Pruebas en forma de oportunidades

Este tipo de pruebas, como la relación que vivió Meghan con James, se presentan en forma de situaciones, personas, experiencias o elementos materiales que tienen algunos de los elementos que quieres atraer, pero no todos. Estas pruebas son el modo en que el universo nos pregunta si nos vamos a conformar con los patrones antiguos de baja autoestima que hemos repetido en el pasado. Cuando, ante estas pruebas, nos conformamos, suele ser porque no confiamos en que pueda ocurrirnos nada mejor.

Por regla general, las pruebas de oportunidad te ofrecen cosas que contienen algunas de las características de tu lista de manifestaciones, pero les falta uno o más factores clave. No me refiero a algo como una pareja rubia cuando la prefieres morena, sino a una porción de la esencia fundamental que estás invocando.

He aquí ejemplos concretos de este tipo de pruebas:

- Una pareja potencial que no está siempre disponible cuando tú buscas a alguien que quiera comprometerse.
- Una oferta de trabajo que implique conformarte con un salario bajo cuando sabes que mereces más.
- Que te inviten a un acto al que crees que deberías ir, aunque sabes que en realidad no quieres.

Pruebas en forma de detonante emocional

Se trata de situaciones o personas que te despiertan una reacción emocional o egótica, es decir, que te impulsan a juzgar o te llevan a la ira, la baja autoestima, la tristeza profunda, el dolor, los celos, etcétera. Cuando ocurre esto, proyectamos en otra gente nuestra baja autoestima y nuestras creencias limitantes. Si somos capaces de identificarlas claramente, estas pruebas nos señalan las heridas internas exactas que tenemos que sanar. Mientras que las pruebas de oportunidad ocurren para que averigües si quieres conformarte, lo que te preguntan las pruebas de detonante es si estás dispuesto a seguir repitiendo patrones de conducta que ya no te sirven o si quieres sanar la herida emocional subyacente y actuar de manera distinta esa vez.

Las pruebas de detonante pueden ser más difíciles de identificar que las de oportunidad, sobre todo porque quizá en la superficie parezca que no tienen nada que ver con tus manifestaciones. Por ejemplo, cuando empecé a trabajar con Jada, ella había puesto fin hacía poco a su relación, tras cinco años de matrimonio. Lo había hecho de manera consciente, y ejercía la maternidad junto con su ex sin que hubiera muchos conflictos ni peleas. Jada estaba centrándose en manifestar un nuevo hogar para ella y su hijo.

Para desconcierto de Jada, al poco tiempo, empezó a experimentar conflictos en muchas otras de sus relaciones. Su madre, que siempre había sido algo distante, pero había constituido una presencia constante en la vida de Jada, comenzó a mostrar una actitud extrañamente beligerante. Al mismo tiempo, tres de sus amigas más íntimas cortaron el contacto.

Jada sintió que algunas de las personas más importantes de su vida la habían abandonado justo cuando más apoyo necesitaba, durante una transición vital de gran envergadura. Estaba muy triste y enfadada porque esperaba más de esas personas. La mayoría de las noches lloraba en la cama o pasaba el tiempo pensando en todas las cosas desagradables que quería decirles. Escribía largas cartas que no llegaba a enviar. No podía dejar de rumiar lo mucho que le dolía que sus seres amados no hubieran estado a su lado.

Resultaba claro que Jada estaba pasando por una dura prueba de detonante. Cuando se lo expliqué, le costó verlo así. A fin de cuentas, no parecía guardar ninguna relación con su manifestación de una casa nueva. Sin embargo, cuando ahondamos más, Jada conectó con el hecho de que, de pequeña, sintió a menudo que tenía que cuidar de sí misma. Su hermano había sufrido una enfermedad infantil muy grave, y los padres, al preocuparse por él y cuidarlo, habían puesto muchas veces las necesidades de Jada en segundo lugar. Como consecuencia, ella internalizó la creencia subconsciente de que no podía confiar en que los demás la cuidasen.

De repente Jada lo vio claro. Se la estaba poniendo a prueba para averiguar si sentía que se merecía de verdad una casa fantástica que constituyera un hogar acogedor y estable. En la infancia, Jada había adquirido de manera subconsciente la idea de que no se merecía alcanzar plenamente su yo auténtico y saludable. Por la experiencia que había vivido de pequeña, estar sana equivalía a que no la cuidaran ni la apoyaran, a que no la tuvieran en cuenta. Al casarse, se había infravalorado y nunca había priorizado sus necesidades.

La situación con su madre y sus amigas había servido de detonante de la baja autoestima que le impedía poner por delante sus necesidades y satisfacerlas. En cuanto puso en marcha la manifestación de su nuevo hogar, el universo empezó a enviarle detonantes que la ayudaran a mejorar su autoestima subconsciente en el aspecto concreto de merecer que la cuidasen, la apoyaran y la nutrieran de la manera en que ella quería de verdad.

Como ya he dicho, en el momento en que des por concluida la lista, la manifestación empezará a orbitar a tu alrededor. El universo te ofrecerá todo lo que necesites examinar y sanar para poder conectarte con la manifestación. Estas pruebas no siempre serán en torno a una pareja si quieres manifestar una pareja, o un trabajo si quieres manifestar un trabajo, sino que tendrán relación con las heridas específicas que te estén impidiendo alcanzar esa conexión. Aunque a veces pueda resultar abrumador y agobiante, a mí me parece muy emocionante unir los puntos y ver cómo me pone el universo delante justo lo que necesito trabajar a fin de estar lista para lo que venga después.

Como Jada, suele costarme hablar de mis necesidades. Ahora sé que todo proviene de haber pasado la infancia saltando de casa en casa y siendo testigo de comportamientos adictivos, lo que me llevó a empequeñecer mi yo auténtico y a suprimir mis propias necesidades.

Para mí, este aspecto de la baja autoestima comenzó a aparecer en el ámbito de los compañeros de trabajo. Antes de incorporar plenamente la creencia de que mis necesidades eran importantes, me resultaba difícil manifestar compañeros que fueran respetuosos y pudieran satisfacer las necesidades del trabajo. De hecho, manifestaba personas que eran reflejo de quienes me habían cuidado en la infancia. Como ellos, estos colegas no podían apoyarme de la forma que yo necesitaba. Las pruebas que se me presentaban eran un recordatorio de que siguiera trabajando y desarrollando mi autoestima. Y he sido capaz de manifestar compañeros maravillosos, mucho más de lo que habría podido imaginar.

También debes confiar en que las pruebas son el modo en que te ayuda el universo. Tratan de guiarte para que te acerques cada vez más a tus deseos auténticos.

He aquí ejemplos concretos de pruebas de detonante:

- Has contratado a un proveedor de servicios y, de nuevo, no cumple su palabra y te cobra de más, justo igual que te ha ocurrido en ocasiones anteriores.
- Tu madre te llama y se desahoga contigo emocionalmente sin dejarte decir palabra. Te enfada esta actitud, pero nunca se lo haces saber ni pones ningún límite.

- Un dependiente te habla mal. No le plantas cara, pero notas más tarde que te ha afectado mucho personalmente, lo que te recuerda a una dinámica que tienes con un hermano o hermana.

En resumidas cuentas, cuando afrontas la prueba que sea, el universo está haciendo de espejo de un patrón o dinámica de baja autoestima que sigues repitiendo desde la infancia. Y, aunque no resulte obvio, está relacionado directamente con manifestaciones que estás tratando de realizar. Por tanto, representan una oportunidad de abordarlo y preguntarte si vas a responder apoyándote en una autoestima alta o en la inseguridad y el miedo.

Recuerda que si respondes con inseguridad y miedo simplemente quiere decir que tienes que trabajar más en desarrollar tu autoestima en esa área. No se trata de un fracaso y no perderás tu manifestación. Seguirá orbitando a tu alrededor. Simplemente ralentizará tus pasos en el proceso de manifestación para que puedas sanar y elevar tu autoestima. La manifestación se producirá cuando estés listo.

PUNTOS CLAVE

✓ En cuanto completes la lista, el universo te pondrá a prueba para averiguar si tu autoestima subconsciente está alineada con aquello que quieres atraer o si estás dispuesto a conformarte con lo que has tenido hasta ahora.

✓ Las pruebas pueden presentarse como oportunidades o como detonantes. Las pruebas de oportunidad son situaciones, personas, experiencias o elementos materiales que contienen algunas de las necesidades fundamentales de la manifestación, pero no todas. Las pruebas de detonante son situaciones o personas que provocan reacciones emocionales porque presionan en una herida esencial que tienes que sanar.

✓ En las pruebas no se fracasa o se suspende. Si eliges conformarte en lugar de responder con alta autoestima, simplemente se te presentarán más pruebas posteriormente. E incluso podrías aprender algo valioso sobre lo que necesitas trabajar a fin de responder con una autoestima alta la próxima vez.

✓ Aunque las pruebas puedan abrumar un poco, no hay que temerlas. Que se te presenten es una buena señal, y aprender a transitarlas te permitirá acelerar la manifestación que persigues. ¡Así que entusiásmate!

MOMENTO MAGNÉTICO
Anota las pruebas

Veamos qué pruebas tienes ya ante a ti. Haz lo siguiente en tu diario:

- Anota las pruebas de detonante que se te hayan presentado hace poco: momentos recientes en los que sintieras enfado, resentimiento, amargura, envidia, inseguridad, celos, etcétera.
- Anota las pruebas de oportunidad que se te hayan presentado hace poco. Es decir, todo aquello que se pareciese a lo que quieres manifestar, pero careciera de algunos elementos clave.
- Junto a cada prueba, anota cómo has respondido. No pasa nada si no lo has hecho con autoestima alta. ¡En el resto del libro aprenderás a usar herramientas para conseguirlo!

No dejes de registrar las pruebas durante el resto del proceso. Fíjate en los temas que vayan saliendo en ellas y en cómo respondes. Más adelante podrás volver a esta lista para ver todas las maneras en las que respondiste a las pruebas apoyándote en una autoestima alta, lo que te ayudará a fortalecer el músculo de la confianza y afrontar las pruebas y las manifestaciones que estén por venir.

5

La ampliación: ver para creer

Antes de conocer a Ryan, cuando tenía veinticinco años y estaba empezando a configurar el método de manifestación neural, mi vida continuaba siendo un desastre. Seguía trabajando de camarera y, aunque empezaba a darme cuenta de que la interpretación no me llenaba realmente, persistía en el objetivo de hacerme actriz. Aún estaba sin blanca y vivía en un estudio lleno de cucarachas que me costaba más de la mitad de lo que ganaba al mes. Sobre todo, me sentía estancada. Sabía que tenía que haber algo mejor para mí, pero no parecía que pudiera aprehenderlo.

Una noche, mi amiga Julianne, que también era camarera en el Laugh Factory, vino al trabajo y me dijo que había manifestado un nuevo hogar, un estudio en las colinas de Hollywood. Todas las camareras éramos jóvenes y no teníamos ni un centavo, y en los descansos hablábamos mucho sobre manifestación. Le pedí a Julianne que me contara detalles sobre su nueva casa. Era un sitio pequeño y muy cuco por el que pagaba quinientos dólares al mes en una época en que la mayoría de los estudios disponibles en bloques de apartamentos normalitos de Los Ángeles costaban entre mil quinientos y dos mil dólares al mes. Sin embargo, Julianne había encontrado por menos de la mitad una casita de invitados encantadora en el estupendo barrio de las colinas, popular entre los famosos por estar cerca de los estudios de cine y ser a la vez un remanso de paz donde refugiarse del ajetreo de Hollywood.

No me lo podía creer. Quizá yo era un poco inocente, pero la verdad era que no sabía ni que podía existir algo así en Los Ángeles. Me abrió mucho los ojos y me contagió de entusiasmo. Me alegraba mucho por Julianne y, por supuesto, me pregunté si podría estar aguardándome también algo parecido.

Al cabo de solo unas semanas, conocí a un chico llamado Jonas que vivía en un estudio similar en el barrio de Echo Park Hills, una zona moderna, vibrante, creativa y superdeseable, que además era mi favorita de Los Ángeles en aquella época. La casera de Jonas era una mujer encantadora que quería apoyar a los jóvenes creativos, por lo que alquilaba su estudio por 325 dólares al mes. Jonas y yo tuvimos un par de citas. No encajábamos realmente como pareja, pero acabó desempeñando un papel importante en mi vida por otra razón.

A los pocos meses de conocer a Jonas, aún seguía trabajando en la creación de mi proceso de manifestación. Había completado mi lista, y había incluido en ella encontrar un apartamento más barato y más bonito en Echo Park. Estaba harta de trabajar todo el mes para cubrir apenas el precio del alquiler, y gracias a los ejemplos de Julianne y Jonas, sentía la confianza de que podría encontrar una opción mejor (¡y más bonita!).

Un día en que estaba recorriendo Echo Park en coche por si veía carteles de apartamentos en alquiler, me vino la idea de que un lugar como el que yo buscaba no aparecería anunciado en los sitios típicos. De repente tuve una alerta intuitiva, un presentimiento (pronto ahondaremos sobre eso), que me llevó a enviar a Jonas un mensaje de texto. Llevaba meses sin verlo ni hablar con él, pero le conté que estaba buscando apartamento y que me acordaba de lo especial que era el suyo. A los pocos minutos, Jonas me respondió que estaba cambiándose de piso y me envió el número de la casera. Cuando la llamé, me dijo que la persona que iba a alquilar el estudio después de Jonas ya no estaba interesada.

En ese momento, todo se alineó, y ese apartamento fue una de las primeras manifestaciones importantes que me funcionaron. Fue inaudita, poco común, increíble e impactante. ¡El estudio respondía a todo lo que había puesto en la lista! Y me sirvió para dar concreción a un paso clave del proceso. Lo había observado en manifestaciones anteriores, pero sin llegar a aprehenderlo del todo: la ampliación que se da al «ver para creer».

¿Qué significa ampliar?

Durante años los atletas de todas partes del mundo soñaban con batir el elusivo récord de correr una milla en cuatro minutos, que equivale a correr a unos 24 kilómetros por hora. Por alguna razón, los atletas más dotados eran incapaces de mejorarlo a pesar de sistemas de entrenamiento intenso y gran dedicación. Al fin, en 1954, Roger Bannister lo batió corriendo una milla en tres minutos y cincuenta y nueve segundos.

En el plazo de un año, otros cuatro atletas batieron también el récord. Hoy lo han conseguido casi dos mil corredores. De hecho, se considera el estándar de los corredores profesionales de media distancia.

¿Qué cambió después de que el primer atleta batiera el récord? ¿Qué permitió que otros muchos hicieran lo mismo, aunque hasta hacía muy poco había parecido imposible? No fue un equipamiento innovador ni ningún protocolo de entrenamiento. De hecho, lo único que cambió fue una cosa: lo que los atletas creían posible.

Anteriormente, los atletas soñaban con batir este récord y tenían la esperanza de conseguirlo; se lo imaginaban y seguro que tenían pensamientos positivos acerca de ello. Pero todos esos pensamientos provenían de la mente consciente. A nivel subconsciente, no creían de verdad que fuera posible simplemente porque no se había logrado antes. Tuvieron que «verlo para creerlo» y, una vez que lo hicieron, ¡fueron capaces de lograrlo!

Este ejemplo, junto a mi propia historia de la manifestación del estudio de Echo Park, subraya el poder tremendo de la mente subconsciente. Creer subconscientemente que algo es posible influye en la capacidad que tenemos de hacer cosas. Este es el concepto sobre el que se sustenta uno de los tres pilares del proceso de manifestación neural: la ampliación.

Al hablar de ampliación, me refiero a ampliar lo que la mente subconsciente cree que es posible que ocurra. Se trata de algo crucial porque, no lo dudo, ya sabes que manifestamos a partir de la mente subconsciente. Cuando aquel primer atleta batió el récord de la milla en cuatro minutos, la ampliación funcionó para los corredores de todo el mundo, pues su mente subconsciente «vio y creyó» por primera vez que algo era posible.

Podemos ampliar la mente subconsciente de distintas maneras: mediante experiencias, compartiendo conocimiento e información y, lo que es más importante, mediante otras personas. A esas personas las llamo «ampliadores». Por ejemplo, el primer atleta que batió el récord de la milla en cuatro minutos desempeñó el papel de ampliador para el resto de los corredores. Y Julianne y Jonas lo hicieron para mí.

Un ampliador es alguien que ha hecho aquello a lo que tú aspiras o que encarna algún aspecto importante de la vida que deseas. Estas personas, al permitirnos creer que lo que queremos es verdaderamente posible, cambian nuestras creencias subconscientes, y a menudo también los pensamientos conscientes. Simplemente nos damos cuenta de que si ellos lo pueden hacer (o tener o ser), entonces nosotros también.

Piensa en la principal manifestación en la que te estés centrando ahora mismo. ¿Cuántas personas que conozcas tienen en su vida eso que tú deseas, demostrándote que es verdaderamente posible? Si la respuesta es ninguna o muy pocas, entonces necesitas buscar algún ampliador. Eso es justo lo que vas a aprender a hacer en este capítulo.

La ampliación es un pilar importante del proceso de manifestación porque nos ayuda a despojarnos de las creencias limitantes subconscientes que hemos ido acumulando a lo largo del tiempo, antes de continuar con el paso siguiente, que es el desbloqueo. Ampliar nos ayuda a crecer, acercándonos más a nuestros deseos auténticos. Todos y cada uno hemos nacido sintiéndonos ilimitados y completamente merecedores de cualquier cosa. Es el condicionamiento que sufrimos a lo largo de la vida el que nos hace creer que algunas no nos son posibles. La ampliación nos libera de las limitaciones que nos han grabado en el subconsciente y nos imbuye de nuevas posibilidades.

Dado que manifestamos a partir de las creencias subconscientes que se formaron durante la infancia, ya tenemos ampliación en las áreas que hemos observado y experimentado, o de las que nos enseñaron que son posibles ciertas cosas. Por ello, si te criaste en un ambiente de riqueza fabulosa y se reforzó la idea de que siempre tendrías acceso a la abundancia en lo relativo al dinero (sin dolor, vergüenza ni ninguna programación incorporada), seguramente no te resultará difícil manifestar riqueza en tu vida. Tendrás suficiente ampliación en ese aspecto. Este sencillo ejemplo ilustra el hecho de que, al manifestar, necesitamos centrar la ampliación específicamente en las áreas donde no hemos «visto para creer» que lo que queremos es posible.

Lo cierto es que casi cualquier cosa puede actuar de ampliador. El subconsciente se puede ampliar mediante algo que veas en una película o una serie, algo que oigas en un pódcast, que leas en un libro, que te encuentres en publicaciones de redes sociales, que observes en gente que conoces en la vida real, etcétera. Hasta algo ficticio puede ampliar. Aunque los pensamientos conscientes te digan que una cosa es mera ficción, el subconsciente reacciona de otra manera. Reconoce que ese algo no es necesariamente la verdad pura y dura, pero sí una posibilidad.

Cuanto más refuerces una nueva creencia «viendo para creer», más rápido generarás espacio para que tenga lugar la manifestación que buscas. Por ejemplo, a mí me hizo falta ser testigo de los hallazgos de Julianne y de Jonas de estudios ideales y asequibles para que creer que yo también podía lograr lo mismo. Si solo hubiera visto la experiencia de Julianne, seguramente habría pensado que era un golpe de suerte sin más. Pero entonces, la experiencia de Jonas consolidó la idea de que esas oportunidades existían y que seguramente yo también podría aprovecharlas.

CÓMO SABER SI HAS ENCONTRADO UN AMPLIADOR

- Tienen antecedentes similares a los tuyos o han estado en la misma posición en la que tú te encuentras.
- Han tenido éxito en lo que tú quieres, lo poseen o lo encarnan.
- El camino que han seguido para alcanzar sus logros te parece creíble y asequible.
- Te han llevado a vivir un momento de revelación: «¡Si ellos pueden, yo también!».

Tipos de ampliadores

Hay cinco tipos diferentes de ampliadores, y cada uno desempeña un papel específico en el proceso de manifestación.

El ampliador total

Es el ampliador por excelencia, que te permite ampliar por completo la mente subconsciente en lo referido a tu manifestación. Ha de ser alguien con quien te sientas plenamente identificado, por ejemplo porque sus antecedentes y los tuyos sean iguales, haya estado en tu misma posición antes y haya atraído a su vida exactamente lo mismo que quieres tú.

Para mí Julianne actuó de ampliadora total. Las dos éramos camareras en el Laugh Factory, procedíamos de familias similares, nuestra visión de la vida era muy parecida, y ella fue capaz de manifestar exactamente el tipo de vivienda que yo quería.

Ampliadores fragmentarios

Lo cierto es que puede ser muy difícil dar con ampliadores totales. En primer lugar, somos todos individuos únicos, por lo que no es común encontrarse a diario con personas cuyo recorrido vital sea notablemente similar al nuestro. Sin embargo, eso no constituye un problema en el ámbito de la manifestación, pues existen los ampliadores fragmentarios.

Este tipo de ampliadores representan fragmentos de aquello que estás queriendo manifestar. A diferencia de los ampliadores totales, no te amplían de una sola vez, sino poco a poco. Lo bueno es que cuando acumulas varios ampliadores fragmentarios que representan distintos porcentajes de lo que estás tratando de atraer, se suman y te permiten alcanzar el cien por cien.

Por ejemplo, mi clienta Sam se había propuesto manifestar una relación con ciertas características concretas que no había visto nunca plasmadas en la realidad. Tenía muchos amigos que vivían en pareja, pero ninguna de estas relaciones aunaba todas las características que ella estaba buscando. Tampoco había observado este tipo de relación durante la infancia y adolescencia, por lo que su mente subconsciente no sabía que era posible.

Para Sam, cada una de las relaciones de pareja de sus amigos actuó como ampliador fragmentario. Cada una le demostró que era posible un aspecto de la relación que ella quería para sí. Por ejemplo, una pareja disfrutaba del tipo de comunicación alegre y ligera al que ella aspiraba; otra llevaba el estilo de vida que ella deseaba, y una tercera pareja tenía justo la dinámica familiar que Sam quería para su relación. Al mirar a estas parejas, el subconsciente de Sam reconoció como posibilidades reales cada una de las piezas del puzle que representaban. Y la suma de estos ampliadores fragmentarios dio como resultado la imagen completa de lo que Sam deseaba manifestar.

Ampliadores de puente

No representan exactamente lo que quieres manifestar, pero sí te permiten avanzar un poco en esa dirección. Es decir, no amplían en la misma medida que un ampliador total, pero sí acortan la distancia que existe entre el lugar donde te encuentras y aquel adonde quieres ir. Son muy útiles porque, en función de tu punto de partida, podría ser difícil acceder a una ampliación completa de una sola vez. Estos ampliadores, sin embargo, te ayudan a crecer poco a poco.

Por ejemplo, digamos que estás tratando de atraer un trabajo mejor pagado. Ahora mismo estás ganando cien mil dólares al año y pretendes ganar trescientos mil. Pero no sabes exactamente cómo alcanzar esa meta, y quizá sientes que has tocado ya el techo de cristal en el área donde te estás moviendo. No conoces a nadie con un puesto como el tuyo que esté ganando el salario al que aspiras.

Entonces conoces a alguien que trabaja en el mismo sector que tú y que está ganando doscientos mil dólares. No es del todo el salario que estás buscando, pero te puedes identificar con todo lo demás y constatar que esa persona está más cerca de la manifestación que buscas de lo que has estado tú nunca. ¡Esa persona es un ampliador de puente perfecto para ti! Puede llevarte del punto A al punto B. Aprende de ella y averigua cómo llegó allí. Así te será mucho más fácil acceder a la ampliación que te lleve al punto C.

Ampliadores de realidad

Estos ampliadores te muestran la verdad plena de lo que estás tratando de invocar. Te proporcionan un muy necesario baño de realidad y pueden ayudarte a descartar las manifestaciones que no quieres realmente o que no están completamente en consonancia con tu código auténtico.

Mi segunda experiencia con los ampliadores después de irme a vivir al estudio de Echo Park fue con ampliadores de realidad. En aquella época estaba empezando a pensar en abandonar la interpretación, aunque seguía tratando de atraer papeles. Acabé conociendo a unas mujeres que estaban en la treintena y tenían una carrera interpretativa de éxito. Sin embargo, me hablaron de los retoques y las operaciones de cirugía estética que estaban haciéndose para poder seguir optando a esas oportunidades.

No tengo nada en contra de la cirugía estética. Apoyo por completo que la gente exprese su verdad, operándose o del modo que sea, siempre que hayan hecho un trabajo interno y tengan una comprensión clara de por qué eligen modificarse externamente. Sin embargo, lo que yo veía cada vez más es que estas actrices de éxito sentían que «tenían» que operarse para poder seguir trabajando. Esa decisión partía de un punto flaco, de una carencia: temían —y seguramente con razón— que si envejecían de forma natural sería el fin de su carrera interpretativa.

Admiraba y respetaba a esas mujeres, pues habían conseguido aquello a lo que yo llevaba tanto tiempo aspirando. Sin embargo, al hablar con ellas, me di cuenta de que mi camino iba a ser otro. No sentía que el suyo se identificara con mi yo auténtico. Esos ampliadores de realidad me aportaron el inmenso regalo de la claridad, que me permitió abandonar el sueño de ser actriz. Sabía que tenían que existir maneras de expresar mi creatividad más acordes con mi yo auténtico. Y, efectivamente, crear y aplicar el método TBM me ha permitido hacerlo de un modo que ha superado lo que en aquella época eran mis sueños más salvajes.

En mi caso, esos ampliadores de realidad me mostraron que ya no quería algo que había estado intentando manifestar. En otras ocasiones, simplemente nos ayudan a liberarnos del apremio y la sensación de urgencia que sentimos respecto a alguna manifestación, aunque sea algo que sigamos queriendo.

Experimenté este último caso cuando mi pareja y yo estábamos planeando tener nuestro primer hijo. En aquella época, llevaba unos años intentando quedarme embarazada. Me habían diagnosticado una infertilidad inexplicable y sufrí varios abortos espontáneos. Comprensiblemente, anhelaba tener un hijo lo antes posible.

En esas estaba cuando un día invité a unos amigos con hijos pequeños a pasar el fin de semana en mi casa.

Aquella visita fue genial y lo pasamos estupendamente, pero yo no estaba acostumbrada a tener tanta gente alrededor, sobre todo tantos niños a la vez. La verdad es que me resultó agotador. Me afectó tanto que acabé pillando un catarro el último día.

Por supuesto, esta experiencia no me quitó el deseo de tener un hijo, pero sí me ayudó a despojarme de la sensación de apremio que sentía. Me hizo ver lo fantástica que era mi vida en ese momento, y que no había urgencia por tener un hijo. Me relajé. Y, al final, nuestro primer hijo llegó… en el momento preciso. A esto es a lo que los ampliadores de realidad nos ayudan: a no aferrarnos a algo, a dejar de perseguirlo y confiar más en el proceso y en que las cosas llegan en el momento oportuno.

Ampliadores de envidia

Por último tenemos los ampliadores de envidia, que nos advierten y nos remueven por dentro porque nos muestran algo que queremos. Aunque la envidia tiene mala reputación, es una señal muy útil y potente. A veces, cuando nos encontramos con este tipo de ampliadores, ni siquiera nos damos cuenta de que la envidia está actuando como detonante emocional. Simplemente sabemos que cierta persona nos irrita o nos saca de quicio.

Presta atención a este sentimiento cuando lo tengas. Envidiar a alguien suele ser una señal de que esa persona representa algo que queremos atraer a nuestra vida, pero aún necesitamos trabajar más los pasos de ampliar y desbloquear para conseguirlo. Procura con todas tus fuerzas considerar este sentimiento como algo bueno. Aunque esa persona te irrite y te altere, también está ayudándote a ampliar. Es una herramienta más del proceso de manifestación.

Experimenté esto con una mujer que conocí cuando acababa de lanzar mi blog (en breve hablaré de él) y que me sacaba totalmente de quicio. Tenía una belleza espléndida y arrebatadora, una carrera ideal y supercreativa, y procedía de una familia adinerada. Me parecía el compendio de todo aquello a lo que, según la sociedad, deberíamos aspirar. Nunca había visto todas esas piezas encajar tan perfectamente en una persona, y me irritaba muchísimo.

Cuando empecé a trabajar con la envidia que sentía y a tratar de descubrir por qué me alteraba tanto, fui consciente de que aquella mujer tenía ciertas cosas que eran muy importantes para mí sin que yo me hubiera percatado de ello. Por ejemplo, en cuanto a su trabajo y su riqueza, descubrí que yo quería tener libertad económica para poder hacer lo que quisiera, en lugar de trabajar simplemente para sobrevivir. En lo relativo a su belleza, fui consciente de que necesitaba trabajar en ciertos aspectos de mi imagen y que tenía un fuerte anhelo por sentirme segura con mi cuerpo, tal y como me parecía que se sentía ella.

Esa mujer fue para mí un detonante emocional que me mostró en qué necesitaba trabajar y me ayudó a descubrir aspectos nuevos de mi código auténtico. Lo mejor de todo es que ahora somos buenas amigas y ya no siento envidia hacia ella. He manifestado mi propia versión auténtica de lo que antes envidiaba de ella.

Por tanto, si sientes envidia hacia alguien en tu vida, ¡considérate afortunado! No te tomes a la ligera ese sentimiento. El universo te está poniendo delante justo aquello en lo que necesitas trabajar para ampliar tu subconsciente. También te está pidiendo que encarnes tu versión auténtica de eso que le estás envidiando a otra persona. El universo te está mostrando lo que es posible para ti.

En lugar de mirar a la persona que te está removiendo internamente y tratar simplemente de emularla de manera superficial, pregúntate: «¿Cuál es mi mejor versión de lo que tiene esa persona? ¿Cómo puedo conseguirlo de una manera que sienta que es auténtica?». Trabajar con ampliadores de envidia no va sobre competir con otra persona o tratar de hacerlo mejor que ella o convertirte en una copia exacta. De lo que va es de centrarte en mejorar lo que habrías hecho si ese ampliador de envidia no se hubiera cruzado nunca en tu camino. Y es que lo que admiras en los demás revela el potencial que tú tienes sin aprovechar.

Cómo y dónde encontrar ampliadores

Es probable que te hayas lanzado a buscar en tu mente qué personas de tu vida están ya actuando como ampliadores y qué otras podrían servirte del mismo modo. O puede que estés leyendo todo esto y pensando: «¡Ah, pero yo vivo en un pueblo y no tengo acceso a nadie que represente lo que quiero!». No pasa nada. Hay ampliadores por todas partes, así que no lo fuerces ni conviertas este aspecto del proceso en una preocupación que te estrese. En realidad, es muy divertido empezar a darte cuenta de que ya hay gente en tu vida que puede actuar como alguno de los ampliadores que acabamos de ver. Una vez que abras la mente a este concepto, seguro que empiezas a ser consciente de que ya tienes ampliadores a tu alrededor, y el universo te pondrá delante los demás que necesites.

Pero también te sugiero que empieces a ser proactivo a fin de conectar más rápido con tus manifestaciones. He aquí algunos de los mejores lugares donde empezar a buscar ampliadores:

La comunidad TBM

Esta es mi primera sugerencia porque una de las cosas que más me han llenado de poner en pie esta empresa ha sido la frecuencia con la que los miembros de nuestra comunidad se ofrecen a ser ampliadores unos de otros. Me resulta muy emocionante.

Si no lo has hecho ya, tómate un tiempo para leer los miles de testimonios de nuestra web. Cuando leas las cosas increíbles que han vivido otras personas en su experiencia con la manifestación, tu mente subconsciente empezará a ampliarse y a creer que a ti te pueden ocurrir cosas similares. También puedes oír muchas de estas historias en *Expanded*, nuestro pódcast. Tendrán exactamente el mismo efecto en tu subconsciente. En la serie mensual titulada «The Precess», presentamos historias completas del proceso de manifestación de miembros de la comunidad.

Si quieres ser más específico, puedes comunicarte con gente de la comunidad y pedirle a alguien que actúe de ampliador en una manifestación que estés intentando llevar a cabo. La gente lo hace todo el tiempo y funciona muy bien. Solo tienes que subir una publicación donde expliques qué es lo que estás queriendo manifestar y preguntes si alguien sería un buen ampliador para ella o si puede compartir historias de otras personas que encarnen aquello que tú deseas. Seguro que te alucinan las respuestas que recibas, además de que le mostrarán a tu subconsciente que tu manifestación es totalmente posible.

Redes sociales

Sí, en las redes sociales hay mucha negatividad y toxicidad, pero si sabes cómo gestionarlas bien, también son un lugar magnífico para encontrar ampliadores. Solo tienes que invertir algo de tiempo en configurar tu cuenta para que empiece a reflejar las cosas que quieres manifestar. Yo a menudo dejo de seguir a los perfiles que me doy cuenta de que no están en consonancia con mi código auténtico. De esa manera me aseguro de que todo lo que vea en esa red social vaya a actuar como algún tipo de ampliador. También puedes crear un perfil con el fin exclusivo de encontrar ampliadores, es decir, una cuenta en la que solo sigas a perfiles que te vayan a servir para este propósito en ese momento concreto.

Cuando uses las redes sociales para ampliar, busca cuentas que vayan más allá de mostrarte imágenes bonitas de cosas materiales que quieras lograr. Por supuesto, no hay nada malo en las imágenes bonitas (ni en las cosas materiales), pero si quieres ampliar de verdad tu subconsciente, necesitas poder identificarte con la persona que está detrás de esas imágenes. Busca a gente que cuente historias sobre sus adversidades, cómo las han superado, y el trabajo que han hecho para manifestar eso que tienen ahora y que es lo que tú deseas. Así es como empezarás a creer que es posible también para ti.

Gabe, un miembro de género fluido de nuestra comunidad, siguió esta estrategia con éxito. Tenía un trabajo que no le satisfacía en una gran empresa y estaba tratando de manifestar una carrera como free lance que fuera más flexible, pero le estaba costando mucho encontrar clientes. Tanto el padre como la madre de Gabe eran abogados y, en su infancia, no supo nunca de nadie que hubiera tenido éxito en la vida fuera del típico trabajo de nueve a cinco. Su subconsciente no había «visto nunca para creer» que ese tipo de trayectoria profesional fuera posible en su caso.

Cuando Gabe hizo inventario de la gente que había en su vida en ese momento, se dio cuenta de que casi todos eran asalariados en grandes empresas, por lo que empezó a buscar ampliadores en las redes sociales. Configuró su cuenta para seguir principalmente a personas que trabajaran por cuenta propia y que contaran con el tipo de flexibilidad que Gabe quería. Luego se puso en contacto con una de ellas, una mujer que vivía en el mismo barrio, y le propuso tomar un café para que pudieran hablar sobre cómo pasar de trabajar por cuenta ajena a trabajar por cuenta propia.

Durante el encuentro, Gabe se enteró de que había ido a la misma universidad que esa ampliadora potencial. Empezó a identificarse cada vez más con ella y a pensar: «¡Si ella puede hacerlo, yo también!». La ampliadora compartió con generosidad toda su andadura y cómo se las había arreglado para empezar a acumular clientes.

Algunos ampliadores te proporcionan el beneficio adicional de mostrarte los detalles de cómo han conseguido aquello a lo que tú aspiras para que comprendas mejor lo que necesitas hacer a fin de llegar al mismo sitio. Es como abrir un reloj y descubrir su mecanismo. Cuanta más información tengas, más preparado estarás para alcanzar lo que buscas. Gabe recibió inspiración y motivación de aquella ampliadora, y el encuentro le generó la creencia subconsciente de que también podía tener éxito en ese tipo de trayectoria profesional.

Pódcast y entrevistas

Desde hace poco los pódcast son uno de mis espacios favoritos para encontrar ampliadores, sobre todo cuando entrevistan a gente famosa o a personas que representan algo que esté tratando atraer a mi vida. Me he dado cuenta de que en los pódcast la gente tiende a ahondar más que en otros medios. Tienen más tiempo y espacio para contar su historia y cómo han llegado al punto en el que se encuentran. A medida que escuchamos, comprobamos que hemos pasado por los mismos puntos conflictivos que esas personas y que nos identificamos de alguna manera con ellos aunque sean gente superfamosa, por lo que constituyen ampliadores perfectos.

Por supuesto, si no te van los pódcast, puedes enterarte de la vida de estas personas de otra forma que encaje mejor contigo. Las memorias, las biografías o los documentales son también fuentes excelentes de ampliación. Al descubrir detalles de la vida de un famoso, es probable que te identifiques de alguna forma con él o ella, lo que te ayudará a creer que sus logros son posibilidades también para ti.

Así le ocurrió a Sara, miembro de nuestra comunidad, cuando estaba tratando de quedarse embarazada. Averiguó que algunas figuras públicas, como Gabby Bernstein, Jamie King o Chrissy Teigen, habían tenido bebés sanos a pesar de ciertos problemas de salud, y oírlos hablar sobre su proceso en distintas entrevistas le sirvió para ampliar el subconsciente en esta área.

Series y películas

Cuando estamos viendo una serie o una película ocurre algo increíble: entramos en un estado cerebral hipnótico (el estado de las ondas alfa) que permite poner en primer plano el subconsciente. Recuerda que la manifestación se produce en este punto y que la mente subconsciente no realiza una distinción tan clara entre realidad y ficción como la consciente. Las series y las películas, por tanto, constituyen también un medio de ampliación perfecto, pues asimilamos todo lo que vemos en ellas y comenzamos a creer que puede ser posible en nuestra vida.

Igual que cuando hablábamos de las redes sociales, te recomiendo que comiences a ver series y películas que tengan que ver con tu lista de manifestaciones. Busca activamente personas y situaciones que encarnen las manifestaciones que estás tratando de producir, aunque sea de manera fragmentaria. Por ejemplo, puede que en una película se muestre una relación entre dos personajes que represente el tipo de relación que estás intentando atraer. O quizá el protagonista de una serie tenga el tipo de trabajo al que aspiras. ¡No dejes de fijarte en esas cosas cuando estés disfrutando de una película o una serie!

Amigos de amigos

A medida que avances en este proceso, no te sorprendas cuando la gente mencione de repente cosas que le han ocurrido a alguien a quien conocen y tú pienses: «¡Anda, eso es exactamente lo que yo estoy tratando de atraer! Y tenemos esto y lo otro en común. Si ellos pueden hacerlo, yo también». Aunque yo suelo ser proactiva en cuanto a buscar ampliadores, también confío en que el universo me pondrá delante de una manera u otra los que necesite. Confía tú también en lo mismo. En esos momentos, detente y pregúntate cosas. ¿Quién es esta persona? ¿Cómo ha sido su experiencia? ¿Qué ha hecho para llegar al punto en el que se encuentra ahora mismo? Incluso aunque sea alguien a quien no conozcas personalmente, su historia puede ayudarte a ampliar tu subconsciente.

Tu lista

Y, por último, aunque no por ello menos importante, ¡puedes manifestar ampliadores! Yo lo hago tanto con las manifestaciones menores como con las mayores. A veces tratamos de manifestar algo muy sencillo, pero no lo logramos porque aún no hemos «visto para creer» que es posible. En estos casos, podemos anotar en la lista de manifestaciones que queremos encontrar un ampliador para esa manifestación en concreto.

El caso de mi clienta Elle, que se crio en un hogar donde sufrió abusos y no la cuidaron convenientemente, ilustra muy bien este tipo de ampliador. Uno de los principales objetivos que tenía Elle al empezar el proceso de manifestación era encontrar a gente que, habiendo pasado por lo mismo que ella, hubiera tenido posteriormente una vida feliz y plena, pues no conocía a nadie con una infancia como la suya. Cuando Elle preparó su lista de manifestaciones, uno de los puntos era encontrar a un ampliador en esta área.

A medida que fue avanzando en el proceso y empezaron a concretarse algunas de sus manifestaciones, se dio cuenta de que estaba sintiendo mucha resistencia. No creía del todo que las cosas fueran posibles y necesitaba verdaderamente ampliar su subconsciente para lograr manifestar todo aquello a lo que aspiraba. Me sentí muy orgullosa de ella cuando tuvo la valentía de publicar en redes sociales el tipo de persona a la que quería conocer.

Al poco tiempo se puso en contacto con ella una mujer que, tras tener una infancia muy similar, había conseguido construir una vida mágica y plena. Este descubrimiento ayudó a Elle a creer a nivel subconsciente que era posible alcanzar lo que buscaba. Y, por supuesto, después de conocer a esta ampliadora, las manifestaciones de Elle empezaron a funcionar cada vez más rápido y con poca o ninguna resistencia.

Trabajar con ampliadores

Ahora que hemos visto la importancia de los ampliadores y cómo encontrarlos, veamos cómo pueden ayudarte:

- Empieza consultando la lista de manifestaciones mayores que hayas elaborado. Junto a cada una, anota los ampliadores que ya tengas en esta área. Recuerda que puedes incluir cualquier tipo de ampliadores, no solo los completos.
- Junto al nombre de cada ampliador, escribe exactamente cómo te ha ampliado el subconsciente, detallando todos los aspectos que se te ocurran.
- Vuelve a mirar la lista y haz inventario de los puntos donde necesites más ampliación. Podría haber elementos en la lista para los que no tengas ampliadores en ese momento, o algunos para los que solo tengas uno o dos de tipo fragmentario. Detalla los ampliadores con los que aún necesites conectar.
- Crea una lista de manifestaciones para ampliadores, es decir, anota exactamente con qué áreas de ampliación necesitas aún conectar. Acuérdate de volver a la lista para actualizarla a medida que aparezcan estas figuras en tu vida.

Cuanto más te rodees de ampliadores, más rápido podrás conectar con tu manifestación, ¡Recuerda que están por todas partes! Aparecen hasta en las situaciones más corrientes para demostrarte que tu deseo es verdaderamente posible.

PUNTOS CLAVE

✓ Si en tu más tierna infancia no experimentaste aquello que quieres manifestar o no fuiste testigo de ello, necesitas ampliar tu mente subconsciente «viendo para creer» que eso a lo que aspiras es posible para ti.

✓ Si durante la infancia fuiste testigo de la dinámica que estás tratando de atraer, pero era disfuncional o estaba asociada a algo negativo, necesitas ampliar tu subconsciente «viendo para creer» que existen versiones positivas de esa manifestación a la que aspiras, es decir, versiones que estén en consonancia con tus necesidades auténticas.

- ✓ Los ampliadores son personas específicas con las que te identificas, que han alcanzado lo que tú estás tratando de manifestar. Cuando eres consciente de sus manifestaciones, piensas: «¡Si ellos pueden, yo también!».
- ✓ Hay muchos tipos de ampliadores, y todos son importantes y ayudan a que tu mente subconsciente «vea para creer» que lo que quieres es posible. Los tipos de ampliadores más comunes son los fragmentarios, que te ayudan mostrándote elementos pequeños de aquello a lo que aspiras.
- ✓ Puedes encontrar ampliadores en la comunidad TBM, en los testimonios de nuestra web, en episodios de la serie «The Process» de nuestro pódcast *Expanded*, en series y películas, en documentales, en las redes sociales o en los círculos en los que te muevas.
- ✓ Un modo excelente de encontrar un ampliador es pensar en alguien a quien envidies, alguien cuya vida te deslumbre. Esas personas son en realidad ampliadores. El universo trata de recordarte tu propio potencial al ser testigo del de ellos.

MOMENTO MAGNÉTICO:
Conecta con ampliadores

Cuando te encuentras con ampliadores, es normal sentir que, de algún modo, ellos están «por encima» de ti. Al fin y al cabo, tienen algo de lo que tú careces. Sin embargo, un elemento crucial de la ampliación es darse cuenta de que si ellos han logrado su manifestación, entonces tú también puedes lograr la tuya, pero a tu propia manera. Queremos que nuestros ampliadores nos inspiren para alcanzar nuestra propia versión de la manifestación, no para perpetuar la sensación de ser menos que ellos o para que caigamos en imitar la trayectoria vital exacta del ampliador en cuestión.

Anota en una página nueva de tu diario todos los ampliadores que tienes para tus manifestaciones.

- Añade a cualquier persona que te haya inspirado mucho recientemente, pero que no estés seguro de para qué manifestación está funcionando como ampliador.
- Añade a personas a las que hayas envidiado últimamente. Podría ser gente que tengas en tu vida o que hayas visto en internet u otros medios.
- Anota junto a cada ampliador qué aspectos suyos están ayudándote a ampliar tu subconsciente. ¿Qué es lo que te están mostrando y que tu alma ansía?

Recuerda que el objetivo no es calcar o reproducir exactamente la vida del ampliador. Inspírate, pero deja espacio libre para poder alcanzar tu propia versión de lo que ellos tienen.

6

Reprogramar el subconsciente desbloqueando

Cuando comprendí que las creencias subconscientes determinaban qué podemos (y qué no podemos) manifestar, tuve claro que necesitaba encontrar la manera de ahondar en mi mente subconsciente. La única manera de empezar a conectar con mis deseos auténticos era cambiar mis creencias de baja autoestima. Sin embargo, dado que esas creencias eran subconscientes, me resultaban invisibles. ¿Qué pasaba en mi subconsciente que podría haber estado entorpeciendo mis manifestaciones y cómo podía cambiarlo?

Pasé mucho tiempo explorando muchas modalidades de sanación diferentes. En concreto, me pareció bastante útil el trabajo somático, que se centra en cómo se muestran las emociones en el cuerpo. Empecé a plantearme si podría usar algunas de estas técnicas para acceder al subconsciente y mejorar mi proceso de manifestación.

Cuando bajaba a la playa, me sentaba en la cálida arena frente al mar, entraba en un estado meditativo profundo, y comenzaba a explorar en qué partes del cuerpo sentía tensión. Cada vez que encontraba un punto de tensión, me centraba en él y le hacía al subconsciente preguntas como: «¿Qué siento? ¿De dónde viene esta sensación? ¿Cuál es mi primer recuerdo de esta sensación?». Con el tiempo, empecé a relacionar estos recuerdos somáticos con detonantes emocionales específicos de mi vida actual y con las manifestaciones con las que me costaba conectar.

Por ejemplo, durante una de estas sesiones en la playa, me surgió un recuerdo de mi infancia en el que mi madre y yo estábamos comprando en un supermercado. En la caja, mi madre firmó un cheque para pagar. Las dos sabíamos que su cuenta bancaria estaba prácticamente vacía, como siempre. Cuando salíamos de la tienda, mi madre me agarró de la mano y dijo: «Chist… He tenido que firmar un cheque sin fondos».

Situaciones como aquella eran la norma. Ella hacía las cosas lo que mejor que podía, pero era una madre soltera y joven que había crecido, a su vez, en un hogar con muchos conflictos y traumas. A lo largo de mi infancia nos mudamos muchas veces de casa y el dinero siempre era un problema, siempre.

Después del incidente del supermercado, volvimos a casa y yo quise montar en la bici que me había fabricado mi padre usando piezas de una que él había tenido de pequeño. Pero no la encontré por ningún sitio. Me imaginé que estaría en nuestro trastero. Como mi madre se cambiaba tanto de casa, solía alquilar trasteros para guardar algunas pertenencias.

Le pregunté si la bici estaba allí y si podíamos ir a por ella para dar un paseo. «Lo siento —me dijo—. No pude pagar la factura del trastero, así que se deshicieron de todo lo que había allí guardado». Me enteré entonces de que había perdido mi bici y la mayoría de mis juguetes.

En la playa, mientras meditaba, fui capaz de relacionar una tensión que sentí en la tripa con ese momento de mi infancia; según mis recuerdos, aquella fue la primera vez que tuve esa sensación corporal. Me di cuenta entonces de que en mi subconsciente había una emoción que estaba reproduciéndose en bucle y entorpeciendo mis manifestaciones. Si seguía manteniendo aquel miedo subconsciente en torno a la seguridad económica, no iba a ser capaz de manifestar el nivel de abundancia que quería. La verdad que seguía reproduciéndose en bucle en mi subconsciente era: «Nunca tendrás lo suficiente. Siempre necesitarás vivir a costa de alguien. En cualquier momento te vas a ver con una mano delante y otra detrás».

Por tanto, no era de extrañar que estuviera trabajando de camarera en un club de comedia donde me trataban bastante regular, ganaba muy poco y apenas sacaba lo bastante para vivir. Recuerda que tu realidad es un espejo de tu autoestima subconsciente. Mis circunstancias económicas reflejaban mi creencia subconsciente de lo que me merecía y lo que me era posible. Para cambiar mi realidad, tenía que mejorar mi autoestima en lo tocante al dinero. Este proceso, al que llamo «desbloqueo», iba a requerir que eliminara las creencias limitantes que estaban entorpeciendo mis manifestaciones.

¿Qué son los bloqueos?

A riesgo de resultar repetitiva, quiero volver a recordarte (porque es muy importante que lo comprendas) que no manifestamos a partir de los pensamientos conscientes. No hace falta que te preocupes pensando que los pensamientos negativos que a veces te surgen van a entorpecer tus manifestaciones. Manifestamos, como digo, a partir de las creencias subconscientes, que se forman en su gran mayoría antes de cumplir los siete años.

En consecuencia, seguramente tengas ya alta autoestima y solo alguna que otra creencia limitante (o quizá ninguna) en las áreas donde recibiste mensajes positivos cuando eras pequeño. En cambio, en las áreas donde te llegaran mensajes negativos o experimentases algún dolor, vergüenza, rechazo o trauma, seguramente tu autoestima será baja y albergues creencias limitantes sobre ti mismo o el mundo. Estas creencias limitantes no son culpa tuya ni tampoco son lo que tú eres auténticamente. Se trata de simples reflejos de experiencias que viviste en tu más tierna infancia y de cosas que se te inculcaron en ese momento. Sin embargo, ahora pueden aparecer en tu vida en forma de bloqueos que te impidan conectar con tu yo auténtico y, por tanto, que entorpezcan lo que deseas manifestar.

En resumidas cuentas, estos bloqueos interfieren en tus manifestaciones porque te mantienen operando a partir de una autoestima baja, lo que genera una distancia entre el grado de autoestima subconsciente que tienes a día hoy y el que necesitas para conectar con tus manifestaciones. Hasta que las experiencias y las heridas que dieron lugar a esos bloqueos salgan a la superficie y logres sanarlas, no podrás proyectar un nivel de autoestima alta acorde con tus deseos auténticos.

Aunque pueda parecerte raro, estos bloqueos también aparecen en forma de miedos subconscientes a que se produzca la manifestación. Es decir, si deseas algo conscientemente, pero no se corresponde con tu autoestima subconsciente, podrías tener un miedo subconsciente a alcanzarlo, que, por supuesto, entorpecerá la manifestación.

Por ejemplo, si has crecido en el seno de una familia que criticaba a las personas que perseguían la riqueza y reforzaba de manera constante la idea de que la gente adinerada es mala o superficial, puede que, subconscientemente, tengas miedo de ganar el salario al que aspiras. Como habrás generado en el subconsciente una creencia limitante de que ganar un salario mayor te hará mala persona o llevará a que tu familia te rechace, esta creencia puede dar lugar a un miedo que bloquee tu manifestación.

En casos así, aunque conscientemente podrías querer mayor abundancia económica en tu vida, a nivel subconsciente sentirás que limitar tu situación económica te ayudará a sentirte aceptado y no tener miedo. Lo más curioso es que tu mente consciente podría no recordar siquiera estos mensajes ni lo que te inculcaron de pequeño, a pesar de que es justo ese condicionamiento el que determina hoy tu realidad externa.

Las creencias limitantes pueden provenir de muchas fuentes, desde los cuidadores y la familia hasta los compañeros, la comunidad, los medios, la enseñanza, la religión y muchos otros. El condicionamiento de todas estas fuentes combinadas genera las creencias que siguen reproduciéndose en bucle en tu mente en el momento presente, y que determinan exactamente lo que estás manifestando. Las experiencias emocionales profundas, los traumas y los mensajes que hayan estado reforzándose de manera constante habrán dado lugar a bloqueos más fuertes, pero incluso los incidentes o el condicionamiento de naturaleza menor pueden haber dejado huella en tu interior.

Por muchos bloqueos que tengas, quiero que entiendas que no estás enfermo, no te pasa nada malo. Independientemente de lo que ocurriera o no ocurriera en tu pasado, tú eres más que tus bloqueos. Puedes reescribir tu historia y te mereces liberar el subconsciente. Todos hemos experimentado cierto grado de dolor, vergüenza, rechazo y trauma. Todo ello forma parte de la experiencia humana. Sin embargo, hasta que no sanemos las emociones asociadas con esas experiencias, vivirán en la mente subconsciente y bloquearán las manifestaciones que queramos alcanzar.

Ten en cuenta que bloqueos los tiene todo el mundo. He hablado con mucha gente que dice que ha tenido una infancia perfecta, sin trauma ninguno, y que por tanto no necesitan desbloquear nada. Pero lo cierto es que, lo recordemos o no, todos hemos experimentado cierto grado de vergüenza y dolor durante nuestros años formativos. Incluso aunque tus cuidadores y todas las personas que te rodearan en esa época tuvieran la mejor de las intenciones y crearan un entorno saludable para ti, sería imposible que hubieran podido conectar en todo momento con tus necesidades y sueños auténticos.

No dejes que la palabra «bloqueo» te asuste. Al fin y al cabo, la belleza de tener un bloqueo es que es posible «desbloquearlo». Si miles de personas han sido capaces de hacerlo, ¡tú también puedes! En caso de que necesites más ejemplos o un chute de inspiración, ve al sitio web de TBM y lee los testimonios de nuestros miembros sobre experiencias de desbloqueo que les permitieron realizar manifestaciones increíbles.

Qué es desbloquear

Los miedos y las creencias limitantes generan bloqueos que nos impiden conectar con aquello que queremos manifestar. Al desbloquear, nos sanamos y nos liberamos de esos miedos y creencias limitantes. Este es uno de los pilares del proceso de manifestación neural. Desbloquear permite llegar a la raíz de los bloqueos y anular la carga emocional asociada a las heridas que los originaron. Mediante este proceso desarrollarás un grado más alto de autoestima subconsciente que te ayudará a empoderarte y te permitirá llevar a cabo las manifestaciones que deseas.

Por regla general, las manifestaciones de tu lista requerirán mayor autoestima subconsciente de la que tienes. Piensa que, si no fuera así, ya las habrías alcanzado. Es muy bonito aspirar a crecer de esta manera y pedirle más al universo, pero recuerda que, si quieres conectar con tus manifestaciones, necesitarás hacer el trabajo de ajuste de tu autoestima subconsciente, para lo que tendrás que dedicar tiempo al paso del desbloqueo.

Al desarrollar y depurar el proceso de desbloqueo a lo largo de los años, empecé a incorporar distintas modalidades para hacerlo lo más efectivo posible. Así es como surgieron las meditaciones Deep Imaginings™ (DI). Con este método de meditación del proceso TBM, ahondarás de manera efectiva en el subconsciente e irás directamente a los bloqueos para sanar y eliminar vías neurales antiguas de baja autoestima y sustituirlas por otras que obedezcan a un grado más alto de autoestima.

Para crear las meditaciones DI acudí a muchas modalidades terapéuticas que me parecen muy transformadoras. Además del trabajo somático, la terapia de reprocesamiento y desensibilización mediante movimientos oculares (EMDR, por sus siglas en inglés) me ha resultado enormemente útil para ayudarme a sanar los traumas de la etapa más temprana de la infancia. Este procedimiento terapéutico ahonda en el subconsciente y ayuda al cerebro a reprocesar recuerdos traumáticos. Como la terapia EMDR es una manera tan efectiva de trabajar con el subconsciente, sabía que sería un elemento muy potente del proceso de manifestación, por lo que colaboré con expertas que me ayudaron a incorporar este método en las meditaciones DI. También incluí los pulsos binaurales dirigidos, que son frecuencias auditivas que tienen la capacidad de alterar las ondas cerebrales y también nos permiten acceder al subconsciente de manera más rápida y efectiva.

Durante estas meditaciones regularás el sistema nervioso, identificarás bloqueos relacionados con detonantes emocionales que hayas estado experimentado, e introducirás en el subconsciente creencias, conductas y conclusiones de mayor autoestima, lo que te ayudará a sanar esas experiencias. Aflorarán emociones estancadas o recuerdos como el de mi madre firmando un cheque sin fondos, y tendrás la oportunidad de procesar e integrar por completo esas experiencias antiguas para realizar el ajuste que no pudiste hacer entonces. Todo este proceso cambiará literalmente tu cerebro y tu nivel de autoestima subconsciente. Mediante la repetición y la intensidad emocional, podrás sustituir las creencias limitantes antiguas y reprogramarlas con creencias de mayor autoestima a fin de generar un cambio duradero.

Las creencias subconscientes antiguas llevan tanto tiempo grabadas en las vías neurales, se han repetido y experimentado con tanta intensidad emocional que el cerebro vuelve a ellas sin que nos demos cuenta. Para desbloquear debemos ir a la raíz de esas creencias subconscientes y crear nuevas vías neurales de alta autoestima que el cerebro pueda utilizar.

Lo genial de este proceso es que se pueden crear vías neurales que sean aún más fuertes que las antiguas a las que llevas años recurriendo. Cuando empieces a acceder con más regularidad a las vías neurales nuevas, no volverás a recaer en las conductas antiguas. Será como si hubieras actualizado el sistema operativo del cerebro, lo que afectará a tu vida entera. Se trata de un proceso realmente emocionante.

En resumidas cuentas, desbloquear es el acto de sanar una herida generada por una creencia limitante subconsciente que está bloqueando tus manifestaciones en el presente. Cuanto más desbloquees, más te acercarás a tu yo íntegro, de plena autoestima. Al desbloquear, te abres, te liberas, aprendes a imponer límites, eres auténtico, te despojas de creencias limitantes y patrones de conducta antiguos que no te benefician, ¡y generas magnetismo! Conoces tu valía y te sientes totalmente sereno con tu yo pleno y auténtico. Así es como aumentarás la autoestima que te permitirá conectar con tus mayores deseos.

Dales la vuelta a las creencias limitantes

Vamos a ahondar un poco más en qué son exactamente las creencias limitantes y de dónde proceden. Como he dicho, lo que creemos sobre nosotros mismos, sobre cómo funciona el mundo y sobre nuestros actos y sus consecuencias naturales se configura predominantemente entre el nacimiento y la edad de siete años. Cuando experimentamos dolor, vergüenza, rechazo o trauma durante la infancia, el subconsciente genera una creencia relacionada con esa experiencia para ayudarnos a encontrarle sentido a lo que ha ocurrido. Es casi como si el cerebro infantil nos contara una historia para explicar o justificar la experiencia a fin de que nos sintamos a salvo.

Esta historia posteriormente cristaliza en una creencia. Lamentablemente, se trata casi siempre de una creencia negativa o limitante. Por ejemplo, cuando mi madre firmó el cheque sin fondos y me quedé sin bici, el cerebro me lo explicó generando la creencia de que el dinero era un recurso limitado que me sería muy difícil conseguir, y que en cualquier momento podría quedarme sin blanca, con una mano delante y otra detrás. Se trata de una creencia limitante cuya raíz es la precariedad.

Hacer corresponder experiencias negativas con creencias limitantes es una reacción neurológica natural. Repito que no te pasa nada malo porque tengas muchas creencias limitantes; es normal. Sin embargo, debes ser consciente de que esas creencias pueden llevarte a reproducir patrones de conducta que te debiliten y hagan que te conformes con menos de lo que te mereces. Mi creencia limitante respecto al dinero me hacía conformarme con trabajos mal pagados y apartamentos cutres, en lugar de valorarme y pedirle más al universo.

Dado que somos individuos con un cerebro único y experiencias únicas, las creencias limitantes de cada persona pueden variar bastante. De hecho, aunque dos personas vivan exactamente la misma experiencia, cada una podría desarrollar una creencia limitante completamente distinta para explicarla. Sin embargo, existen temas comunes.

La precariedad, con la que he tenido que luchar toda mi vida, es una creencia limitante muy común. Mucha gente ha crecido observando que el dinero, el amor y las oportunidades eran escasos y poco fiables. Otro tipo común de creencia limitante tiene que ver con la imperfección, es decir, creer que eres defectuoso, que hay algo en ti que no funciona a un nivel fundamental. Esta creencia te llevará a pensar que no eres lo bastante bueno para las cosas que quieres, que no te mereces amor, que eres mala persona o un incompetente.

Nada de eso es verdad. Todos merecemos amor e, independientemente de lo que nos haya ocurrido en la vida, no somos defectuosos. Pero también sé que una cosa es que yo te lo diga y otra despojarse de esa creencia limitante. El cambio tiene que ocurrir necesariamente a nivel subconsciente.

Hay muchos tipos de dolor, vergüenza, rechazo o trauma que pueden dar lugar a una creencia limitante relacionada con la imperfección. Si creciste con padres ausentes o irresponsables, puede que el subconsciente encontrara la manera de explicar esa experiencia generando la creencia de que no mereces que te amen, cuando lo que ocurría era simplemente que la persona que debía cuidarte no estaba allí para hacerlo. Por supuesto, es posible que un adulto ya sepa esto a nivel consciente, pero la creencia limitante puede estar tan hondamente grabada en el subconsciente que continúes conformándote con parejas que no se comprometan emocionalmente o incluso que no se porten bien contigo. Las creencias limitantes relacionadas con la imperfección también podrían dar lugar a bloqueos en el tipo de amistades, trabajo, hogar, economía, dinámicas familiares u otras oportunidades que subconscientemente no creas que te mereces.

En la infancia también generamos creencias en relación con nuestros actos y sus consecuencias. Si de pequeños asumimos que cuando hacemos algo hay repercusiones negativas, es posible que esa creencia esté bloqueando nuestras manifestaciones. Por ejemplo, si te enfrentaste a un profesor en preescolar y las consecuencias fueron muy negativas, puede que desarrollases la creencia de que resistirte a una figura de autoridad siempre te deparará un resultado adverso. Como consecuencia, en la etapa adulta puede que evites expresarte, que dejes que los jefes se aprovechen de ti, o que tengas miedo de hablar en público. Resulta fácil ver de qué manera esa creencia limitante te está frenando.

Si, por el contrario, te enfrentaste a un profesor cuando eras niño y el resultado fue positivo, seguramente te formaste la creencia de que resistir a las figuras de autoridad lleva a que te respeten. Esta experiencia puede haberte conducido a una vida totalmente diferente a la del caso anterior, una vida en la que la disfrutes de una autoestima alta a la hora de expresar tus opiniones y tus ideas.

En los dos casos, podrías desconocer por completo la creencia subyacente que está dando forma a tu comportamiento, no solo porque la experiencia ocurrió hace mucho tiempo, sino porque la dinámica está desenvolviéndose bajo la superficie, el cerebro está recurriendo una y otra vez a esas vías neurales bien establecidas sin que tú seas consciente de ello. Al acceder al subconsciente, sin embargo, podemos crear vías neurales diferentes para reconfigurar el cerebro y sustituir las creencias limitantes por otras totalmente nuevas.

De hecho, curar la herida que generó la creencia limitante le da la vuelta: «No me lo merezco» se convierte en «Me lo merezco». «Lo hice mal» se convierte en «Lo hice lo mejor que pude». «No puedo confiar en nadie» pasa a ser «Puedo elegir en quien confiar».

«Me siento impotente» a «Ahora tengo opciones». «Tengo que ser perfecto» a «Puedo ser mi yo auténtico». Etcétera. Cuando el cerebro hace uso de esas vías neurales positivas en lugar de las que sustentaban las creencias limitantes, tu autoestima se transforma y, en consecuencia, también el modo en que respondes a las situaciones que se te presentan en la vida.

TRES MANERAS FÁCILES DE VER DÓNDE ESTÁN LOS BLOQUEOS

- Piensa en las últimas pruebas o detonantes emocionales que has experimentado. ¿Hay un tema común?
- Cuando piensas en tu manifestación, ¿qué parte no sientes que te mereces? ¿Qué creencia limitante podría estar actuando?
- ¿Recuerdas algún momento del pasado en el que experimentaras o fueras testigo de algún hecho vergonzoso, algún juicio o rechazo que tenga relación con la manifestación que estás tratando de producir? ¿Qué creencia limitante podría haberse generado a partir de eso que experimentaste o viste?

Los pensamientos negativos y los detonantes emocionales son invitaciones del universo

Una de las cosas bonitas de este proceso de manifestación es que no tienes que esforzarte mucho para encontrar tus bloqueos. Una vez que completes la lista de manifestaciones y comiences a bailar con el universo, este te enviará exactamente los detonantes emocionales, las pruebas y las dinámicas que necesites para realizar los desbloqueos que te permitan conectar con la manifestación a la que aspiras. Un detonante emocional es cualquier cosa que te provoque una reacción emocional exagerada o egótica. Sabes que te encuentras ante un detonante cuando una persona o una situación te desestabilizan el sistema nervioso y te hacen reaccionar con ira, te generan inseguridad, te hunden en la tristeza, te causan un dolor considerable o celos, te llevan a juzgar, etcétera.

A veces puede resultar difícil afrontar el hecho de que empiecen a aflorar bloqueos en forma de experiencias que te afectan en gran medida. Confía en que el universo no está tratando de castigarte o de torturarte, ¡sino todo lo contrario! Está simplemente intentando mostrarte exactamente dónde necesitas realizar desbloqueos para poder aumentar tu autoestima subconsciente y entrar en consonancia con tu yo auténtico y, por tanto, con tu manifestación.

Quiero subrayar que no todas las emociones indican que te encuentres ante un detonante. Los seres humanos, por naturaleza, experimentamos toda una gama de emociones y es apropiado y sano que sea así. Ten en cuenta, sin embargo, que un indicador de que estás ante un detonante es que tu reacción sea mucho mayor de lo que requeriría la situación.

En el sector terapéutico, se suele decir lo siguiente: «Si es histérico, es histórico», que significa que cuando las emociones fuertes aparecen de esta manera, no tienen nada que ver con la persona ni con la situación ante la que reaccionamos, sino que su origen está en una herida sin sanar de una experiencia pasada, y la persona o situación han servido simplemente como detonante.

Por ejemplo, mi clienta Maria estaba trabajando con el método de manifestación neural y salió a cenar un día con una amiga que disfrutaba de muy buena situación económica. El marido de esta amiga venía de una familia adinerada y tanto ella como él tenían trabajos muy lucrativos.

Cuando les trajeron la cuenta en el restaurante, Maria sugirió que pagaran a medias, como normalmente se hace entre amigos. Parecía lo más fácil y sencillo. Pero, en esa ocasión, la amiga de Maria examinó cuidadosamente la cuenta y dijo: «Bueno, tú has tomado una bebida más que yo y tu entrante era un poco más caro que el mío. ¿Qué te parece si pagamos a medias y tú te encargas de la propina?».

A primera vista, no se trataba de algo muy trascendente, algo que Maria sabía a nivel consciente. Sí, su amiga habría quedado un poco mejor si hubiera accedido a pagar la cuenta a medias, pero encargarse de la propina tampoco era el fin del mundo para Maria, pues podía permitírselo perfectamente. Sin embargo, le molestó muchísimo la actitud de su amiga, e incluso se enfadó con ella. El corazón empezó a latirle con más fuerza, le entraron sudores y no pudo evitar darle una contestación brusca a su amiga, haciéndole ver lo tacaña que era, algo de lo que se arrepintió una vez que se hubo calmado.

La situación fue claramente un detonante emocional para Maria, pues su reacción fue más fuerte de lo que requería la situación. Entonces ¿qué es lo que estaba ocurriendo ahí realmente? ¿Fue una simple reacción excesiva? Mi respuesta a Maria fue un rotundo no. Cuando se dan estos detonantes, el universo te está invitando a que desbloquees y sanes, a fin de aumentar tu autoestima subconsciente y poder llevar adelante tus manifestaciones.

Este tipo de situaciones pueden parecer nada más que experiencias frustrantes, pero, en realidad, son regalos. La mejor parte es que una vez que hagas el trabajo de desbloqueo con un aspecto en particular, ya no seguirás atrayendo a tu vida el mismo tipo de detonante. El universo reconocerá que ya no tienes un bloqueo en esa área y empezará a hacer de espejo de otros bloqueos distintos, en función de cuál sea la manifestación a la que estés aspirando en ese momento. Así podrás aumentar tu autoestima subconsciente aún más.

La verdad es que el universo solo está intentando que recuperes el ser que eras al nacer, con autoestima plena, antes de experimentar ningún dolor, vergüenza o condicionamiento: tu yo auténtico. Esa es la realidad.

En la época de la cena con su amiga, Maria estaba tratando de manifestar un ascenso que le permitiera pasar a ser socia de la empresa financiera en la que trabajaba. Llevaba años esforzándose por lograrlo y sentía que había hecho todo lo necesario para ganárselo. Al convertirse en socia, accedería a un salario considerablemente mayor y una estabilidad económica a largo plazo. Parecía claro que el detonante de Maria tenía que ver con algún bloqueo relacionado con esta manifestación, pero ¿en qué sentido?

Maria y yo ahondamos en el asunto de su promoción y tratamos de descubrir si tenía alguna creencia limitante que pudiera estar bloqueándolo. En concreto, exploramos los mensajes que había recibido sobre el trabajo y el dinero cuando era pequeña. Su madre era ama de casa y su padre era profesor, pero no estaba en absoluto contento con su vida laboral, pues tardaba mucho tiempo en ir y volver del trabajo. Tenía que levantarse a las cinco de la mañana para llegar a tiempo al centro de enseñanza y no le parecía que su considerable esfuerzo estuviera bien remunerado. Cuando Maria era pequeña, el padre estaba ya deseando jubilarse para recibir una pensión que le proporcionara una estabilidad económica a largo plazo.

Al principio, Maria no veía claramente cómo podía estar conectada con su manifestación la experiencia laboral de su padre. Además, el padre siempre la había animado a aspirar a un trabajo más lucrativo que el suyo, trabajando para una gran empresa, justo lo que ella había acabado haciendo. No podía pensar en ninguna experiencia que la hubiera llevado a no sentirse merecedora de un ascenso.

Sin embargo, al ahondar más, descubrió recuerdos específicos de su padre quejándose de sentirse estancado. Si abandonaba el puesto que tenía para trabajar en un lugar más cerca de su casa, no podría optar a una jubilación anticipada, que era su principal meta. Trabajamos juntas sobre esto y Maria escribió en su diario acerca de sus recuerdos hasta que se dio cuenta de que los mensajes de su padre la habían llevado a generar una creencia limitante que consistía en que un trabajo con un compromiso a largo plazo que ofreciera estabilidad económica también la llevaría a sentirse atrapada.

Aunque, por supuesto, siempre podría abandonar el puesto, convertirse en socia de su firma constituía un compromiso. Desde luego, se esperaría de ella que permaneciera en la empresa a largo plazo. Subconscientemente, Maria tenía miedo de ese compromiso y estaba bloqueando la manifestación que tanto deseaba.

Este descubrimiento fue clave. Pero ¿qué relación tenía con el detonante que había experimentado el día de la cena con su amiga? Le expliqué que, al tener miedo precisamente del trabajo que le proporcionaría una estabilidad económica a largo plazo, había desarrollado una mentalidad de precariedad, es decir, que su subconsciente consideraba que el dinero era un recurso limitado. Aunque a nivel consciente sabía que podía permitirse pagar un poco más en la cena, la experiencia le había hecho reaccionar en base a la creencia limitante de que la estabilidad económica a largo plazo era una trampa y que, por tanto, su economía era limitada.

A partir de ese momento, cada vez que Maria se topaba con un detonante, se iba directamente al diario y escribía exactamente lo que había ocurrido, cómo se había sentido y de qué manera podía estar conectado con su infancia. Al hacerlo, afloraron cada vez más recuerdos de los mensajes que había recibido de su padre en torno a comprometerse a largo plazo con un puesto de trabajo. Resultó que esos mensajes recibían refuerzo continuamente. Le llevó bastante tiempo y tuvo que ser muy constante, pero mediante el desbloqueo, fue capaz de liberarse de esa creencia limitante y de reprogramar el subconsciente para creer que siempre tendría control sobre su destino y que, independientemente de su puesto de trabajo, podría disfrutar de abundancia económica.

Al poco tiempo, Maria notó que ya no se le presentaban tantos detonantes relacionados con el dinero. Luego, más adelante, se dio cuenta de que ese tipo de situaciones ya no ocurrían tan a menudo, lo cual indicaba que su manifestación estaba orbitando más cerca. El universo ya no necesitaba hacer de espejo de esas situaciones porque Maria estaba liberándose de sus bloqueos. A los dieciocho meses de iniciar el proceso le ofrecieron ser socia de la empresa. Lo mejor de todo es que asumió su nuevo puesto sin miedo, con la confianza de que estaba dando el paso correcto.

Aunque muchas de las técnicas de manifestación supersticiosas de la vieja escuela nos enseñan a tener miedo de los pensamientos negativos y a tratar de permanecer positivos todo el tiempo (algo imposible), la verdad es que los pensamientos negativos y los detonantes emocionales son ventanas muy valiosas a través de las que podemos observar las creencias limitantes subconscientes. Por ejemplo, si notas que tienes pensamientos negativos o juzgas a un compañero cada vez que dice o hace algo en particular, tómalo como una oportunidad para mirar hacia dentro y preguntarte qué es lo que está provocando esos pensamientos y emociones. Es una oportunidad excelente de descubrir un bloqueo.

Me gusta decir que los pensamientos negativos y los detonantes emocionales son un mapa que indica cómo llegar a una manifestación. En lugar de temerlos, ¡síguelos! Trata de replanteártelos como regalos y acógelos con los brazos abiertos. No es posible manifestar a partir de una mente censora. El proceso de manifestación neural requiere que ahondes en ti mismo y que veas tanto lo positivo como lo negativo para poder empezar a sanar, desbloquear, reprogramar... ¡y manifestar!

Identifica y sana los bloqueos

Si empiezas a notar que ciertas personas y situaciones están actuando en tu vida como detonantes emocionales, se trata de una llamada del universo para que descubras exactamente qué creencia o creencias limitantes pueden estar originando tu reacción e identifiques qué herida las ha generado. Entonces podrás sanar y reconfigurar el cerebro para que tu autoestima subconsciente esté en línea con tu manifestación.

Ten en cuenta que puede que te lleve un tiempo realizar un desbloqueo total. Algunas creencias limitantes están muy enraizadas. Piensa en el ejemplo de Maria, que creció recibiendo mensajes negativos y reforzados continuamente en torno a lo que significaba comprometerse con un puesto de trabajo. Maria no podía sanar su mentalidad limitada sobre la abundancia económica con un solo y sencillo acto. Es muy probable que te ocurra lo mismo con los principales bloqueos que te vayan aflorando.

Sí, quizá en algún caso descubras un recuerdo específico que puedas desbloquear con rapidez, pero no es lo más normal. Confía en que las vías neurales se van reconfigurando, y en que estás sanando mental y emocionalmente. Debes descansar todo lo que puedas porque se trata de un trabajo que afecta al cuerpo. Relájate, duerme la siesta, medita y date premiso para bajar revoluciones. No hay prisa. Ve a tu propio ritmo.

Ten también en cuenta que sacar a flote heridas y recuerdos antiguos puede ser agotador y, en ocasiones, también doloroso, en función de lo que esté aflorando. Imagina que vas a curar una herida de bala antigua, y que nunca limpiaste la herida ni sacaste la bala, pero sí cosiste la piel para que se cerrara. Para sanarla verdaderamente hasta la raíz, tendrás que cortar el hilo con el que cosiste la herida y extraer la bala, lo que creará otra herida abierta y reciente, que ahora necesitará que la limpies concienzudamente, la vuelvas a coser y le des tiempo para que sane.

Este proceso es similar al trabajo emocional que tienes que hacer mientras desbloqueas. Vas a abrir heridas antiguas y a orearlas. Puede que al principio duela, pero es la única manera de curarlas de verdad y por completo. Te aseguro que la herida acabará cerrándose. Es posible que quede una cicatriz pequeña, pero ni se notará ni te causará problemas. Lo más importante es que dejará de entorpecer tus manifestaciones y simplemente pasará a formar parte de tu yo auténtico y magnético.

Si en algún momento te resulta demasiado exigente este trabajo, recuerda que siempre puedes hacer una pausa y retomarlo más adelante. Asegúrate de que te estás cuidando bien durante el proceso. Vas a experimentar muchas descargas emocionales que también pueden afectarte físicamente. Si en algún momento te parece que es demasiado difícil procesarlo todo solo, acude a un profesional de la salud mental o a un terapeuta que te preste apoyo adicional.

Encuentra lo que está bloqueando la manifestación

Responde a las siguientes preguntas en tu diario:

Paso 1: ¿Qué quieres manifestar?

¿Qué es lo principal que quieres manifestar en tu vida ahora mismo? O ¿cuál es la principal meta o deseo que tienes en tu vida en este momento?

Paso 2: ¿Qué pruebas se te están presentando?

¿Cuáles son las dinámicas más apremiantes con las que estás contendiendo últimamente? Trata de contestar a todos los puntos siguientes. ¿Cuál es el tema o cuáles son los temas principales que se repiten en las respuestas?

- Anota los últimos cinco temas principales de los detonantes emocionales o las pruebas que se te hayan presentado y las áreas de tu vida en las que detectes más fricciones, estrés, reacciones emocionales fuertes o conflictos.
- Detalla las áreas de tu vida en las que te sientas atrapado o en las que se sigan repitiendo los mismos patrones de:
    - Complacer a los demás.
    - No saber poner límites.
    - Establecer límites demasiado rígidos.
    - Vivir en una fantasía.
    - Conformarte con menos de lo que mereces.
    - Infravalorarte.

- o Sentir vergüenza o culpa.
- o Procrastinar.
- o Pensar más de la cuenta.
- o Negarte a actuar o a afrontar un miedo.

Paso 3: ¿Cuál es la creencia limitante?

Cierra los ojos y respira hondo. ¿Qué creencia estará actuando en tu subconsciente para que sigan presentándosete estas pruebas o detonantes emocionales? Recuerda que, mediante las pruebas y los detonantes, el universo quiere hacerte ver que estás entorpeciéndote a ti mismo.

Anota la creencia limitante que más está aflorando, que será la que está bloqueando tu manifestación. Fíjate en los ejemplos de más abajo o escribe tu propia creencia, que será la que esté bloqueando tu manifestación.

Aquí tienes una lista de las creencias limitantes o heridas fundamentales más comunes:

- «No soy lo bastante bueno».
- «No me merezco esto».
- «No valgo para nada».
- «Mis necesidades no importan».
- «Nadie me quiere».
- «No tengo lo que hace falta».
- «En cualquier momento todo se irá a pique».
- «Lo que quiero hacer no me permitirá ganarme la vida».

- «Mi aspecto físico no es lo bastante bueno».
- «No confío en mí mismo».
- «Pongo en peligro a los demás».
- «No pertenezco a ningún sitio».
- «Soy mala persona».

Paso 4: ¿Qué conexión tiene este bloqueo con tu manifestación?

Cuando te fijas en el tema de tu principal bloqueo, ¿ves de qué manera es probable que se relacione con la manifestación a la que aspiras?

Paso 5: Escucha o lee las meditaciones DI

Las meditaciones van a ayudarte a conseguir claridad sobre todas las veces en que reforzaste una creencia limitante en la infancia y te ayudarán a reprogramarla para iniciar el proceso de desbloqueo. Antes de escuchar la meditación, piensa lo siguiente:

En tu infancia, ¿cuándo te sentiste así por primera vez o notaste que estaba presente la creencia limitante? Si no la experimentaste de primera mano, puede que fueras testigo de que alguien la estaba experimentado. Si tienes varios recuerdos distintos, escríbelos.

Este es el primer paso para empezar a desbloquear esta dinámica relacionada con lo que intentas manifestar. El desbloqueo lleva su tiempo, pues requiere repetición e intensidad emocional.

Cuando hayas logrado desbloquear, lo sentirás en el cuerpo.

Podría tratarse de la sensación de soltar, de un corazón que se abre o incluso una descarga física como llorar, reír o suspirar hondo.

También empezarás a notar, como Maria, que las personas o los hechos que antes te irritaban ya no te causan ninguna reacción emocional. El tipo de situaciones que antes te alteraban ahora te resbalan. ¡Qué sensación tan increíble! Además, estas situaciones no se te presentarán tan a menudo como antes. La razón es que has aumentado tu autoestima subconsciente y el universo ya no tiene que presentarte detonantes emocionales en esa área.

Ahora escucha la meditación DI en <tobemagnetic/how-to-manifest-book>. Si no tienes acceso a internet en este momento, puedes guiarte leyendo lo siguiente.

Meditación DI para creencias limitantes

Busca un lugar cómodo y tranquilo para sentarte o tumbarte.

Antes de cerrar los ojos, centra la atención en el espacio en el que te encuentras. Asimila cualquier sonido que estés oyendo, la temperatura... ¿Qué captas con la vista en el espacio que te rodea, frente a ti y detrás de ti? ¿Qué sensaciones notas en el cuerpo?

Ahora relájate, cierra los ojos e inhala profundamente.

Cuando sueltes el aire, relaja los ojos aún más y mantenlos cerrados.

Ahora relaja el cuerpo mientras realizas una inhalación larga, lenta y honda.

Ponte una mano en el corazón, la otra en el vientre y exhala.

Vuelve a inhalar por la nariz durante cuatro segundos; luego exhala durante ocho segundos.

De nuevo, inhala cuatro segundos y exhala ocho.

Manteniendo los ojos cerrados, imagina que tu cuerpo flota. Puede ser en aguas tranquilas, en el aire, sobre la superficie de la Tierra o en el espacio. Fúndete con el medio que sea, sintiendo que el cuerpo está a salvo y protegido. Libera cualquier tensión que sientas en el cuerpo y relájate por completo.

Piensa en algún momento en que te sintieras magnético y conectado a tu autenticidad o a tu código auténtico. Puede ser una situación de la infancia o alguna en la que te hayas encontrado más recientemente. ¿Qué emociones te generaba ese estado? ¿Felicidad, liberación, conexión total con tu alma y tus deseos auténticos? ¿Qué sensaciones notabas en el cuerpo?

Céntrate en las sensaciones, permítete disfrutar de la ligereza y la amplitud.

Ahora piensa en una prueba o un detonante emocional que se te haya presentado hace poco. ¿Con qué creencia limitante se relacionaba? ¿En qué estás creyendo subconscientemente para que esta prueba o este detonante te interpele?

Deja que la mente se deslice hacia el recuerdo más temprano que tengas donde estaba presente esa creencia limitante. Haz que tu niño interior te muestre lo que experimentó u observó en esa dinámica. Si no te viene un recuerdo específico, pídele a tu niño interior que te muestre cómo se siente respecto a esa creencia limitante.

Ten un momento de compasión por ti mismo y tu niño interior.

Tiene sentido que creyeras que esta creencia limitante era cierta..., pero no lo es: te mereces la vida que deseas.

¿Qué necesidad de tu niño interior no se satisfacía a causa de esta dinámica? ¿Sobre qué necesitaba sentirse a salvo, cuidado, protegido, auténtico o valorado, en lugar de aferrarse a esta creencia limitante?

Piensa en una persona que te dé seguridad: tu yo superior, un padre o madre magnéticos, una figura espiritual o alguien a quien imagines como presencia protectora. Permite que esa figura ayude a tu niño interior a procesar la situación de un modo nuevo y distinto, validando su experiencia y aportándole lo que necesite para sanar.

Escanea mentalmente tu vida para buscar otros recuerdos intensos de situaciones que reforzaran la creencia limitante.

Haz que la figura protectora de antes satisfaga también tus necesidades en esas situaciones, que le muestre a tu niño interior que esa creencia limitante no es cierta y que le presente una creencia nueva y empoderadora para que la asuma en su lugar.

¿Hay algo más que necesites sentir plenamente en el corazón antes de permitir que esta energía abandone tu cuerpo?

Cuando una manifestación quiere concretarse, se nos presentan pruebas para comprobar que estamos alineados con lo que queremos.

¿Cómo se conecta esta creencia limitante con lo que quieres manifestar en el presente?

¿Cómo afrontarías la dinámica actual si fueras plenamente auténtico y magnético, si no creyeras que tienes que demostrar tu valía o empequeñecerte?

Quédate con la sensación de cómo te sentirías si actuaras alineado con la nueva creencia empoderadora.

¿Qué paso podrías dar que te ayudara a superar esta prueba, a reaccionar adecuadamente ante un detonante emocional o a responder de manera distinta a esta creencia limitante? ¿Qué actitud honraría tu código auténtico y tus necesidades? Imagínate actuando, dando ese paso, sabiendo lo capaz que eres de hacerlo.

Date cualquier otra cosa que necesites en este momento.

Cuando estés listo, abre los ojos.

PUNTOS CLAVE

- ✓ Los bloqueos son miedos o creencias limitantes que entorpecen la manifestación. Aunque seas totalmente inconsciente de ellos, las profundas heridas subconscientes sobre las que se sustentan siguen reproduciéndose en bucle en el subconsciente y proyectándose fuera, y tus actos reflejan la baja autoestima que tienes.
- ✓ Generamos creencias limitantes cuando experimentamos dolor, vergüenza, rechazo o trauma en la infancia. Estas creencias dan lugar a narrativas subconscientes sobre nosotros mismos que seguimos creyéndonos y que nos llevan a infravalorarnos y conformarnos con menos de lo que merecemos, en lugar de aspirar a lo que deseamos y merecemos de verdad.
- ✓ Desbloquear implica desenterrar recuerdos o emociones del subconsciente para que podamos sanarnos (pues no lo hicimos en su día) y sustituir la vía neural de la creencia limitante por otra nueva de alta autoestima. Este paso nos permitirá alinearnos con la manifestación a la que aspiramos.
- ✓ Los detonantes emocionales y los pensamientos negativos pueden actuar como un mapa que indica el camino hacia la manifestación cuando los identificas y los desbloqueas.

MOMENTO MAGNÉTICO:
Escucha tu cuerpo

Muy a menudo, el cuerpo puede recordar bloqueos que parece que la mente ha olvidado. Si no logras evocar recuerdos específicos al realizar la meditación DI o si quieres ahondar en tu conexión con la sabiduría que encierra el cuerpo físico, prueba a hacer este ejercicio.

Comienza sentándote o tumbándote en algún lugar cómodo, y cierra los ojos.

Relájate y céntrate en la respiración.

Acalla los pensamientos lo máximo que puedas.

Cuando te sientas en calma, trata de identificar las áreas del cuerpo donde sientas alguna tensión o pesadez.

Al encontrar alguna, háblale.

Puedes hacer preguntas directas, como: «¿A qué me estoy aferrando?», «¿Cuándo experimenté esta sensación por primera vez?», «¿A qué creencia limitante está vinculada esta tensión o pesadez?».

Luego limítate a escuchar.

Es posible que, al principio, no te venga nada. O podría ser que solo recibieras respuestas parciales.

Confía en lo que aflore.

Después, escribe en el diario todas las percepciones que hayas tenido. Vuelve a hacer este ejercicio con la frecuencia que quieras. Con el tiempo, el cuerpo se acostumbrará cada vez más a comunicarse directamente contigo.

7

Desbloquear la sombra y el niño interior

Cuando tenía veintisiete años, por fin fui capaz de reconocer que la interpretación no me llenaba verdaderamente. Dejé de intentar conseguir papeles y de ser camarera en el Laugh Factory. Para pagar las facturas me puse a trabajar en un centro de preescolar. En mi tiempo libre, había empezado a cultivar el interés que siempre había tenido por las hierbas y las prácticas holísticas y espirituales. Durante la infancia había podido observar que tanto mi madre como mi abuela eran médiums y sabían canalizar muchos dones psíquicos. En la época a la que me estoy refiriendo, me di cuenta de que este aprendizaje que había comenzado a desarrollar hablaba a mi alma de una forma que nunca había sentido con la interpretación.

Estaba deseosa de compartir mi conocimiento con el mundo de una manera especial y única. En esa época existían muy pocos blogs holísticos atractivos, con cierta sofisticación. Aunque tenía una visión clara de lo que quería crear, no estaba segura de que hubiera suficiente gente interesada. Aún no estaba escribiendo sobre la manifestación, pero en aquellos años, mi contenido se consideraba bastante «alternativo». Quería asegurarme de que cautivara a la gente y de que no lo fueran a tachar de ser «tonterías propias de hippies».

Entonces un día me topé con un blog gastronómico con una estética muy similar a la que yo estaba imaginando. ¡Un ampliador! Era justo lo que necesitaba para sentir la confianza de que podía crear algo similar, pero con la temática de estilo de vida holístico.

En ese momento había logrado ahorrar cuatro mil dólares de mi trabajo en el centro de preescolar. Sabía que no iban a durarme mucho, pero al menos podían servirme de pequeño colchón. Bastaban para dar el salto, dejar el trabajo en aquel centro y dedicarme solo al blog.

Me entusiasmaba tanto lo que estaba creando que me lancé de lleno. A menudo trabajaba catorce horas al día: hacía fotos para ilustrar el contenido escrito, entrevistaba a otros sanadores o figuras importantes del sector y maquetaba todo minuciosamente para lograr el resultado exacto que quería. Cuando lancé el blog, enseguida tuvo gancho. La prensa se hizo eco de él y, por primera vez en mi vida, mi trabajo fluyó con una facilidad increíble. Fue un contraste enorme con los años que había pasado tratando de ser actriz, que siempre habían sido como una constante cuesta arriba.

Sin embargo, había una creencia limitante que me impedía crecer, y que salía a relucir todo el tiempo en los comentarios del blog. En aquel momento yo lo hacía todo sola. No contaba con una persona que corrigiera los textos, por lo que la gramática y la ortotipografía no eran perfectas. Como no había ido a la universidad, no tenía confianza en esa área y reaccionaba excesivamente cada vez que algún lector señalaba una errata u otro error.

Al abordar estos sentimientos y hacer un trabajo de desbloqueo, me di cuenta de que, aunque me sentía con confianza en relación con el blog en sí, me costaba trabajo verme como escritora. En mi subconsciente, estaba aferrándome a sentimientos de vergüenza relacionados con estas inseguridades. Seguía viéndome como una pueblerina inculta. Este aspecto de mí formaba parte de mi sombra y tenía que sanarlo para que dejara de interponerse en mi camino.

La sombra = vergüenza

Leer en la obra de Jung sobre la sombra como un arquetipo me inspiró y me permitió comprender el papel que desempeña este elemento en la manifestación. En la infancia más temprana, observamos que ciertas cualidades son «malas» o «vergonzosas», o directamente nos dicen que lo son. Para que nos quieran y nos cuiden, y para sentirnos protegidos, descartamos o rechazamos subconscientemente esas facetas de nuestro ser. La sombra es el lugar donde se ocultan los aspectos de nuestra personalidad que rechazamos.

Integramos la sombra cuando descartamos la vergüenza que habíamos asociado a esas facetas y aceptamos por completo todos los aspectos de nuestro ser, tanto si los consideramos buenos como malos. Esta es una de las cosas más importantes que podemos hacer para generar magnetismo. Constituye una parte muy importante del proceso de desbloqueo, pues en la raíz de todos los bloqueos se encuentra la vergüenza. La sombra, pues, está en el origen de la baja autoestima subconsciente que entorpece las manifestaciones.

Para evolucionar por completo, y convertirse en un ser humano pleno, auténtico y magnético, es esencial hacer el trabajo de integrar la sombra. A veces puede resultar difícil, pues la mayoría de la gente nunca se ha mirado por dentro para ver qué se esconde entre las sombras de su interior, pero también es increíblemente liberador. No solo comenzarás a aceptarte más, sino que también notarás que, cuanto más integres la sombra, menos probabilidades habrá de que juzgues a los demás.

Cuando juzgamos a los demás, suele ser porque, subconscientemente, reconocemos en otras personas algo que forma parte de nuestra propia sombra. Como hemos rechazado esa parte de nosotros mismos, por supuesto, la rechazamos también cuando la vemos en los demás. Sin embargo, si, descartando la vergüenza que habíamos asociado con ese aspecto, logramos integrarlo, dejaremos también de juzgar a quienes posean esa misma característica.

En el caso de Morgan, podemos ver un ejemplo excelente de la sombra entorpeciendo una manifestación. Morgan quería manifestar una pareja y llevaba soltera bastante tiempo cuando le vino a la mente un recuerdo de la época de la escuela secundaria. Un día en que estaba hablando con sus amigas sobre los chicos que le gustaban, estas le dijeron: «Estás obsesionada con los chicos. Parece que lo único que te importa es atraer su atención».

Posteriormente, Morgan no tuvo nunca problema en atraer a parejas. Antes de descubrir el método de manifestación de este libro, estuvo embarcada en una relación a larga distancia y al final decidió cambiarse de ciudad para vivir más cerca de su pareja. La noche previa a su marcha, sin embargo, su madrastra bebió unas copas de más y empezó a intentar convencerla para que no diera aquel paso. «Vas a acabar arruinándote la vida por culpa de un hombre —le dijo—. Parece que no te importa otra cosa».

Aunque los comentarios que le hicieron sus amigas de secundaria no la habían afectado mucho, su madrastra sí tenía una gran influencia en su vida, y Morgan era muy sensible a sus opiniones. Este comentario de una figura materna, que coincidía con el mensaje que había recibido de pequeña, bastó para que Morgan vinculara una sensación de vergüenza a ese aspecto de su personalidad, que acabó por pasar a formar parte de su sombra. Para Morgan, el comentario de la figura materna se traducía en que nadie iba a quererla por culpa de esa característica suya.

Al cambiarse de ciudad, Morgan acabó saboteando la relación con su pareja y, desde entonces, seguía soltera. Llevaba años sin entablar ninguna relación. Para agravar la herida, se encontraba con frecuencia a esa expareja con su mujer en el barrio, y eso le recordaba la oportunidad que había dejado pasar.

Conscientemente, Morgan quería manifestar una relación, pero en su subconsciente las cosas eran distintas. Como sentía tanta vergüenza de su faceta de «obsesionada con los hombres que priorizaba las relaciones por encima de todo lo demás», rechazaba subconscientemente ese aspecto suyo, que había pasado a formar parte de su sombra y entorpecía lo que ella quería manifestar. Tras realizar los pasos de desbloquear, ampliar y actuar alineada con su yo auténtico, Morgan fue capaz de despojar de vergüenza ese aspecto de su personalidad, de aceptarse más plenamente y de aumentar su autoestima. Al poco tiempo apareció la pareja que le convenía.

Cabe destacar que, aunque sintamos vergüenza en torno a facetas nuestras que hemos empujado a las sombras, esas características no siempre son negativas. Muchos hemos rechazado e incluso sentido vergüenza sobre aspectos positivos o neutros de nuestra personalidad. Y lo hemos hecho porque queríamos sentirnos a salvo. Imagina a un niño dinámico y talentoso cuyo progenitor se sienta amenazado por esas cualidades. El niño podría rechazar su propio talento para conseguir el amor y la aceptación de su padre o su madre.

Además, en realidad, no existen cualidades puramente «buenas» o puramente «malas», aunque tendamos a percibirlas así. Todos los rasgos de personalidad pueden ser positivos o negativos en función del contexto. Integrar la sombra implica aceptar todas tus características y buscar maneras sanas de expresarlas para que alcancen el mayor potencial posible.

¿DÓNDE ESTÁ LA SOMBRA?

Para localizar tu sombra, pregúntate:

- «¿Estoy juzgando a alguien o algo?».
- «¿Me avergüenzo de algo?».
- «¿Siento envidia o celos?».
- «¿Tengo miedo de que, por alguna cosa en concreto, la gente no vaya a quererme o a tolerarme?».

Si contestas afirmativamente a alguna de estas preguntas, será señal de algún aspecto que muy probablemente forme parte de tu sombra.

Los detonantes emocionales y la sombra

Los detonantes emocionales suelen aparecer en forma de personas o situaciones que inciden en alguno de los aspectos de tu sombra o tus heridas fundamentales. Como ya he comentado, los detonantes son regalos, indicaciones de dónde tienes que buscar la raíz de tu dolor y tu vergüenza para sanarte, con el fin de integrar esos aspectos en tu yo pleno y auténtico, el que merece cualquier cosa que desees verdaderamente.

Todo lo que ocurre en tu mundo externo es reflejo de tus emociones y creencias subconscientes. Es el modo en que el universo trata de ayudarte a recuperar tu yo auténtico. Por eso, atraemos experiencias y personas que reflejan precisamente los mismos aspectos de la sombra que hemos rechazado en nosotros. Por ejemplo, si has rechazado tu ira, podrías atraer a tu vida a gente que la exprese abiertamente. Aunque estas personas actúen como un detonante emocional y te alteren profundamente, recuerda que no son más que una invitación a que integres en tu ser esa ira que suprimes.

De pequeña, Cecily era increíblemente creativa y tenía una imaginación muy vívida. A menudo se sumergía tanto en la creatividad de su juego que perdía de vista todo lo demás, algo que frustraba mucho a su madre, médica de profesión, con otros tres niños a los que atender, y que era bastante estricta con los horarios y el tiempo.

Cada vez que Cecily se retrasaba o se olvidaba de algo, su madre le hacía saber su frustración: «Qué irresponsable eres —le decía a Cecily—. ¡Nunca llegarás a nada en este mundo a menos que bajes de las nubes!».

De adulta, lo que su madre había calificado de irresponsabilidad estaba enterrado en la sombra de Cecily. Como directiva de una consultoría, se presentaba como una persona muy competente. Siempre estaba preparada y era muy puntual. Lo que ocurría era que a menudo le alteraban situaciones en las que otras personas actuaban irresponsablemente o le hacían perder tiempo. Una vez en que un cliente acudió más de media hora tarde a una reunión, Cecily sintió mucha rabia, aunque se mordió la lengua. Esa misma semana se presentó en una clase de pilates programada para ese día que terminó cancelándose y se puso a gritarle al propietario del pequeño estudio: «¡No le va a durar mucho el negocio si sigue siendo así de irresponsable!».

Cuando se puso a trabajar para integrar su sombra, se dio cuenta de que había enterrado la parte de sí misma que su madre había juzgado irresponsable y extravagante. Estaba proyectando esos juicios en otras personas, y el universo estaba reflejándoselo para que pudiera integrar ese aspecto de su sombra y sanarse. Una vez que hizo este trabajo, esas situaciones dejaron de presentársele con tanta frecuencia. Y, en las pocas ocasiones en que se daban, Cecily se lo tomaba con calma. Ya no se alteraba porque ese aspecto de sí misma no estuviera oculto en la sombra.

Acoge todos los detonantes emocionales que se te presenten. El universo quiere ayudarte a sanar y a hacerte más auténtico. Igual que Cecily, sabrás que has integrado por completo un aspecto de tu sombra cuando dejes de atraer esos detonantes a tu vida o cuando ya no te provoquen una reacción tan fuerte.

Descubre tu sombra

¿Has oído alguna vez la frase «Aquello que no asumimos acaba controlándonos»? En muchos sentidos, las sombras nos controlan hasta que somos capaces de integrarlas por completo. Cuando aceptamos la sombra y recuperamos esa parte de nosotros mismos que habíamos rechazado, nos sentimos completos y dignos de ser amados tal y como somos. En consecuencia, somos capaces de entablar relaciones sanas y sólidas, y de vivir en consonancia con quienes somos auténticamente y con lo que deseamos de verdad.

Por el momento, vamos a centrarnos en un aspecto de tu sombra que se relacione directamente con la manifestación principal a la que estés aspirando en este momento. Por supuesto, lo habitual es tener más de un aspecto en la sombra, por lo que, si te surge más de un aspecto cuando hagas este trabajo, no te preocupes lo más mínimo. Pero, como decía, céntrate ahora en un aspecto de tu sombra que esté entorpeciendo tu manifestación principal.

Por ejemplo, cuando hice el trabajo de explorar mi sombra en relación con mi blog, el aspecto principal que descubrí fue el miedo a ser un fraude. Temía que la gente descubriera que no era más que una pueblerina inculta. Ese sentimiento estaba entorpeciendo que mi blog fuera un éxito total y que yo pudiera manifestar una nueva trayectoria profesional.

Una palabra para tu sombra

Tómate un tiempo para estudiar las siguientes preguntas y luego anota las respuestas en tu diario. Después prueba a reducir todas las respuestas a una sola palabra clave que resuma la sombra.

- ¿Qué es lo que más temes que vean los demás en ti en este momento de tu vida?
- ¿Cómo se relaciona ese miedo con la manifestación a la que aspiras? ¿Eres capaz de ver cómo te está empequeñeciendo?

Integra el mundo de tu sombra

Ahora que has identificado el aspecto de ti mismo que habías rechazado, vas a trabajar en integrarlo. Es decir, vas a empezar a aceptarlo y asumirlo. Una vez que lo integres, estarás un paso más cerca de encarnar tu yo auténtico.

Ponte delante del espejo, mírate a los ojos y di en voz alta: «Soy ____________». Llena el espacio en blanco con la palabra clave que defina tu sombra. Por ejemplo, para Cecily, la palabra clave era «irresponsabilidad». Así que se repetía «Soy irresponsable» frente al espejo. Sigue repitiendo la palabra hasta que pierda toda su carga. Si eres una persona muy cerebral, como es mi caso, puedes probar a iniciar una meditación y visualizarte diciendo la palabra delante del espejo. Si quieres, puedes probar las dos cosas, a ver cuál te parece más efectiva.

Si te cuesta mucho conectar con el aspecto de la sombra en cuestión, y no sientes ninguna carga emocional cuando empieces con este ejercicio, prueba a hacer lo mismo, pero usando un antónimo de la palabra. Por ejemplo, si la palabra clave de tu sombra es «débil», prueba a usar la palabra «fuerte». Lo habitual es que se desbloquee la emoción y te cause cierta incomodidad. Al decirte a ti mismo lo fuerte que eres, la mente empezará a decirte lo contrario, casi como si estuviera burlándose de ti. No contengas nada y deja que se desarrollen las cosas hasta que la palabra positiva pierda su carga, lo que indicará que estás en el buen camino para integrar el término positivo.

Saca tu sombra

Como sentimos mucha vergüenza de los aspectos que constituyen nuestra sombra, tememos que los demás se enteren de ellos. Sacar aspectos de la sombra a la luz, donde los demás puedan verlos es, por tanto, un paso esencial de la integración de la sombra, pero suele resultar difícil.

Un modo fácil de sacar la sombra es hacerlo cuando te encuentres con amigos, familiares o compañeros a quienes respetes de verdad. Menciónalo en la conversación o publícalo en tus redes sociales. El mero hecho de nombrar o decir en voz en alta ese aspecto tuyo puede ayudar a eliminar su carga.

Después de descubrir el aspecto de mi sombra al que me he referido antes y de trabajar para desbloquearlo, escribí una publicación en el blog sobre el hecho de que al principio me había sentido como una pueblerina inculta. Reconocí públicamente que no había ido a la universidad y saqué mi sombra a la luz. Fue un alivio enorme no volver a sentir la necesidad de mantener oculta esa parte de mí misma. Comencé a hablar de ello de forma habitual en mi pódcast y en otras redes sociales. Ese aspecto dejó de dominarme. Y fue precioso ver cuántas personas se animaron a decir que se sentían igual.

Cuando hablamos abiertamente de nuestras imperfecciones, la gente que nos rodea tiende a respetarnos más. Por extraño que resulte, son capaces de conectar con nosotros a un nivel mucho más profundo porque estamos mostrándonos al completo y de manera auténtica. Estamos dejando que nos vean de una manera íntima. A veces, funciona también como si les estuviéramos dando permiso para que se abrieran a nosotros de un modo que normalmente no harían. Todo esto es un regalo.

En la actualidad, después de haber trabajado en ese aspecto de mi sombra, tengo plena confianza en mi inteligencia. Sé que no poseo los mejores conocimientos lingüísticos del mundo, pero no me siento mal por ello. Asumo ese aspecto y no siento vergüenza ni inseguridad por su causa; he logrado integrar esa parte de mi sombra. A partir de este desbloqueo, las manifestaciones relacionadas con mi carrera profesional empezaron a fluir libremente.

Desbloquea a tu niño interior

Unos dos años después de lanzar el blog, había trabajado mucho para integrar mi sombra y había manifestado muchísimas cosas en mi vida. La gente que me rodeaba había empezado a notarlo y muchos me pidieron que les enseñara a hacer lo mismo. Cuando les enseñé, comenzaron a experimentar transformaciones profundas y manifestaciones propias.

Además, había conocido a Max y estábamos saliendo, y todo iba muy bien entre nosotros. Estaba por fin empezando a sentir que había encontrado mi camino. Entonces, de repente, mi faceta laboral pareció entrar en una fase de estancamiento. El blog seguía yendo bien, pero no me estaba deparando muchos ingresos. Para llegar a fin de mes, trabajaba como chef y asesora holística para particulares. De repente fue como si todos mis clientes se hubieran ido de vacaciones a la vez. En muy poco tiempo se me agotaron prácticamente los ahorros y empecé a acumular deuda. Incluso tuve que pedirle a mi madre el favor de usar su tarjeta de crédito, lo que me generó una sensación de culpa muy intensa.

Para rematar, me preocupaba que Max averiguase lo que estaba ocurriendo en mi faceta laboral y empezara a pensar que era una perdedora (¡hola, sombra!), sobre todo porque él tenía éxito en lo suyo, y valoraba mucho todo lo que yo estaba haciendo en mi carrera. Todo aquello afectó a mi herida fundamental: el miedo a que de la noche a la mañana me quedara con una mano delante y otra detrás. Comencé a entrar en pánico. Quizá me había confiado demasiado. ¿Sabía yo algo en absoluto? ¿Por qué les estaba funcionando el proceso de manifestación a las personas a las que se lo había enseñado, pero a mí ya no?

Me puse a meditar y escuché un mensaje explícito del universo que me decía que tenía sacar a la luz, a lo grande, mi método de manifestación y que, si lo hacía, ayudaría a miles de personas. Eso era lo que se suponía que tenía que hacer, y el universo estaba mostrándome claramente que hasta que no lo hiciera, seguiría experimentando carencias: el gran miedo que tenía a causa de las experiencias de mi infancia.

Sin embargo, a pesar de saber todo esto, sentía muchísima resistencia interna a hablar de mi proceso de manifestación públicamente. Cuando pensaba en escribir sobre manifestación en mi blog, mi miedo inmediato y visceral tenía que ver con lo que pensaría de mí la gente, especialmente en mi ciudad natal y dentro de mi sector profesional, el del bienestar (¿ves como las sombras aparecen por todas partes?).

Nací en una ciudad pequeña muy conservadora de la zona central de California, donde la mayoría de los hombres, incluido mi padre, eran vaqueros. No podía afrontar que la gente de mi pueblo pensara que, oficialmente, se me había ido la olla por completo. ¡Porque ya tenía un blog holístico donde hablaba sobre hierbas y la luna! Si en mi pueblo ese tipo de temas ya se consideraban de lo más estrafalario, el de la manifestación cruzaría todas las líneas rojas. Ya imaginaba los cotilleos que habría sobre mí. «Es que Lacy siempre ha sido tan rara...».

Dentro del sector del bienestar, por otro lado, sabía que la manifestación no se catalogaría como algo demasiado estrafalario, pero es que ya estaba sufriendo del síndrome del impostor. Sabía que muchas personas de este ámbito eran videntes, maestros o psíquicos con mucho talento y no estaba segura de que fueran a aceptarme como un miembro igual de competente de su red. En el fondo, no me sentía digna de que se reconociera mi valía.

El síndrome del impostor, el miedo y la preocupación sobre lo que pensaran los demás eran signos claros de que mi niña interior estaba teniendo un berrinche considerable.

Trabajar con el niño interior es la base de la manifestación

En la raíz de cualquier bloqueo se encuentra una herida o una sombra del niño interior, lo mismo que subyaciendo en cada herida del niño interior hay dolor, vergüenza o condicionamiento. Es muy poco probable que los cuidadores puedan satisfacer todas y cada una de las necesidades de los niños. El niño interior representa todas esas partes heridas que no recibieron lo que necesitaban. Cuando se despierta el niño interior que vive dentro de cada adulto, nuestros actos responden a una herida, no operamos a partir de nuestro yo auténtico y equilibrado. Como hemos dicho con anterioridad, eso es lo que significa la expresión «Si es histérico, es histórico».

Los niños solo quieren sentirse protegidos y, cuando no se satisfacen sus necesidades, tienen miedo. Así que cuando algo activa al niño interior, es probable que luchemos, huyamos o nos paralicemos, o bien que adoptemos una actitud de apaciguamiento, igual que cuando afrontamos cualquier tipo de peligro real. Es decir, podemos salir corriendo y evitar usar nuestra voz (huida); pelearnos con los demás para demostrar nuestra valía (lucha); no actuar, cayendo en la pasividad o la procrastinación (paralización), o complacer a los demás para evitar conflictos (apaciguamiento). Por ejemplo, cuando me llegó el momento de empezar a escribir sobre la manifestación, comencé a procrastinar (paralización) porque mi niña interior temía que la vieran y la juzgaran, y se sentía amenazada.

Los niños tienden a pensar en términos absolutos y no comprenden las sutilezas. Por eso saltan a conclusiones de trazo grueso para explicar por qué no se atienden sus necesidades. Por ejemplo, si tu madre no te escuchaba cuando le contabas tus historias, por lo que sentiste que no se atendió la necesidad que tenías de ser escuchada, puede que hayas desarrollado la creencia de que no te mereces que la gente te escuche. De adulto, es posible que notes que atraes a parejas, jefes y amigos que te interrumpen y que no te toman en serio. Y, cuando eso sucede, se activa el niño interior, que te lleva a luchar, huir, paralizarte o apaciguar.

La única manera de crear una base fuerte para tu manifestación es curar las heridas del niño interior desbloqueando y generando plenitud en las áreas donde experimentaste carencias de pequeño. Para ello, tienes que mirar atrás y satisfacer las necesidades que no se atendieron en tu infancia a fin de ayudar a que tu niño interior se sienta a salvo, seguro, visto, escuchado y cuidado. Este proceso te permitirá sentir que no hay peligro en asumir tu autenticidad, de modo que puedas convertirte en tu yo más magnético.

Ten muy en cuenta que cuando hablo de que no se atendieran tus necesidades en la infancia, no estoy echándoles la culpa a tus padres o a tus cuidadores. Con frecuencia, fueron sus propias creencias limitantes y las heridas de su niño interior las que les impidieron hacerlo. Lo más bonito de este proceso es que, al ponerlo en práctica, logras romper con ciclos de daño que se han ido repitiendo generación tras generación.

Por ejemplo, en la actualidad no tengo ningún resentimiento hacia mi madre, que era muy joven y carecía de las herramientas necesarias para cubrir mis necesidades emocionales cuando yo era pequeña. Además, tampoco se habían cubierto las suyas en su infancia, algo que quedó especialmente patente cuando cayó en el alcoholismo durante mi adolescencia. Y mientras cambiábamos de una casa a otra me sentía a menudo como una carga para ella.

De niña, para sentirme a salvo, intentaba por todos los medios no ser una carga para los demás. A fin de encajar bien en cada nuevo entorno, me hice muy maleable y dispuesta, y me esforzaba al máximo para no causar problemas. Una estrategia clara de apaciguamiento. ¡Con razón mi niña interior seguía sintiendo que no era digna de reconocimiento y que mi talento no tenía mucho valor ni peso!

Somos todos seres sensibles e, incluso habiendo tenido cuidadores fantásticos y una infancia feliz, hay cosas que necesitamos trabajar. Lo cierto es que este proceso genera una oportunidad de darle a nuestro niño interior lo que más necesitaba y hacerlo nos permitirá encarnar nuestra versión adulta más plena y auténtica.

El trabajo en el que te estás embarcando hará aflorar muchas emociones. Llévalo adelante con delicadeza y tranquilidad. Ve poco a poco y, siempre que te sientas quemado, acude a las cosas que te den alegría. Si te encuentras abordando un trauma que no has podido procesar o te sobrepasan las emociones y no puedes gestionarlas solo, plantéate acudir a un profesional, un amigo o un grupo de apoyo, o recurre a un programa de doce pasos. No te maltrates durante este proceso, practica con mimo el autocuidado, y ten en cuenta que podrías estar un poco más reflexivo de lo habitual.

CÓMO DARTE CUENTA DE QUE EL NIÑO INTERIOR ESTÁ DIRIGIENDO TU VIDA

Para comprender si necesitas atender a tu niño interior a fin de conectar con la manifestación a la que aspiras, pregúntate lo siguiente:

- «¿He tenido una reacción emocional desproporcionada ante algún hecho?». Podría ser demasiado grande o demasiado pequeña.
- «¿Estoy estancado, paralizado, incapaz de actuar? ¿Procrastino?».
- «¿Me infravaloro, trato siempre de complacer a los demás y no soy capaz de fijar límites?».
- «¿Me pongo a la defensiva, culpo a los demás o estoy siempre alterándome por todo?».
- «¿Estoy repitiendo sin darme cuenta algún patrón de conducta del que fui testigo de pequeño?».

- «¿Estoy siempre en conflicto o siempre tratando de evitarlo?».
- «¿Me considero una víctima de las circunstancias de la vida?».

Cada una de estas preguntas representa una herida del niño interior.

Cuatro formas de atender al niño interior

Dan Siegel, profesor clínico de psiquiatría en UCLA, afirma que puedes atender a tu niño interior ayudándolo a sentirse a salvo, reconocido, cuidado y en un ambiente de confianza. Estas son las cuatro cosas que necesitan los niños para poder construir un apego sólido que les genere un nivel alto de autoestima de base. La mayoría de la gente no tiene las cuatro por completo o de manera constante durante la infancia. Piensa que, por regla general, la que hoy te parezca más efectiva será la que más te faltó de pequeño.

Sentirse a salvo

Un niño se siente a salvo cuando no lo amenaza ningún peligro en el hogar y no percibe ninguna amenaza de parte de sus cuidadores. Como consecuencia, está cómodo expresando sus necesidades y emociones. Si de pequeño no te sentías a salvo, puedes procurarte ahora esa sensación. Haz todo lo posible por que tu casa sea un lugar de calma que te sirva de refugio del mundo exterior. Rodéate de gente que te permita expresarte libremente sin juzgarte. Será muy curativo para tu niño interior.

Sentirse reconocido

Para los niños significa que se los reconozca como individuos únicos. Si no se te trató así en la infancia, intenta apoyarte aún más en tus deseos y gustos auténticos. Permite este reconocimiento de tu niño interior embarcándote en experiencias y haciendo cosas que te enciendan por dentro y te hagan sentir verdaderamente especial.

Sentirse cuidado

Cuando los niños se sienten cuidados, aprenden estrategias sanas para afrontar los problemas. Si tus cuidadores no te trataban con mimo cuando eras pequeño, puedes mimar ahora a tu niño interior. Hazte tu comida favorita, usa unas zapatillas de estar por casa o un albornoz supercómodos, escucha música relajante o disfruta de tu bebida caliente favorita a menudo. Satisface la necesidad de cuidados de tu niño interior dándote estos caprichos. A veces, meterse en la cama para dormir la siesta o desahogarse llorando un buen rato es la mejor manera de cuidar de tu niño interior.

Sentir confianza

Por último, cuando un niño siente que puede confiar en sus cuidadores, expresa sus emociones sin miedo a que lo juzguen o lo castiguen. Por regla general, para sentirse así, tienen que darse también los tres factores que hemos visto más arriba. Desarrollar y fomentar esta confianza contigo mismo en la edad adulta es muy curativo y fortalecedor. Para alimentar una sensación de autoconfianza plena, céntrate en ayudar a tu niño interior a que se sienta a salvo, reconocido y cuidado.

Además de lo anterior, puede que en la infancia te faltara guía y protección. También puedes procurártelas ahora. Por ejemplo, si los adultos no te protegían lo suficiente cuando eras pequeño, compensa a tu niño interior no dejándote pisotear por los demás. Establecer límites es una de las cosas más magnéticas que puedes hacer y reconfortará en gran medida a un niño interior que tuviera esa carencia en la infancia. Los límites son tan importantes que les dedicaré mucho tiempo más adelante, cuando hablemos sobre la necesidad de que actúes alineado con tu yo auténtico para manifestar aquello a lo que aspiras.

Además, muchas personas no tuvieron la guía que necesitaban cuando eran pequeños. En ese caso, buscar ayuda profesional es una manera excelente de cuidar al niño interior, ¡algo que yo me he permitido hacer, por cierto! Habla con un terapeuta, prueba a hacer trabajo somático o energético con un sanador o busca la ayuda de un profesional que te guíe mientras exploras la modalidad de sanación que te despierte más interés. También podría guiar a tu niño interior un coach profesional o un mentor. La idea es que satisfagas todo lo posible sus necesidades para que no reaccione tan desproporcionadamente y puedas expresar sin miedo y plenamente tu yo auténtico.

PUNTOS CLAVE

✓ Cuando, de niños, observamos o nos dicen que ciertas cualidades son vergonzosas o no deseables, nos protegemos subconscientemente rechazando esos aspectos de nosotros mismos y ocultándolos en nuestra sombra.

- ✓ Atraemos experiencias y personas que reflejan precisamente los mismos aspectos de nuestra sombra que hemos rechazado en nosotros mismos. Suelen ser los mismos que luego juzgamos negativamente cuando los vemos en otras personas.
- ✓ La sombra abarca todos los aspectos de nosotros mismos de los que nos avergonzamos. Invertimos mucha energía en tratar de que no nos vean como aquello que ocultamos en la sombra, lo que proyecta una autoestima baja. Por eso, la sombra se convierte en fuente principal de bloqueos que entorpecen activamente las manifestaciones a las que aspiramos.
- ✓ Para recuperar nuestro poder, tenemos que integrar la sombra identificándola, desbloqueándola, asumiéndola y sacándola a la luz.
- ✓ No se puede integrar la sombra en un solo acto. Tendrás que trabajar en ello a lo largo de todo el proceso de manifestación.
- ✓ El niño interior representa las partes de nosotros mismos que están heridas porque no se atendieron convenientemente sus necesidades en la infancia.
- ✓ Potenciarás en gran medida tu magnetismo creando plenitud allí donde experimentaste carencias de pequeño.
- ✓ Puedes satisfacer las necesidades que no se te atendieron en la infancia mediante el desbloqueo de la sombra y aprendiendo a atender a tu niño interior en la vida real.

MOMENTO MAGNÉTICO:
Conecta con tu niño interior

Piensa en lo principal que quieres manifestar en este momento. Luego, en el diario, responde a las siguientes preguntas:

- ¿Cuál es la creencia limitante de más envergadura que adquirió tu niño interior y que está gravitando sobre la manifestación en la que estás centrándote en este momento? ¿Se dio una situación, una dinámica o un hecho específicos? ¿Quizá una narrativa que tú asocias con el tema de esta manifestación?
- Escribe todas las maneras en que esta creencia podría estar bloqueando tu manifestación en la vida real. ¿Te está impidiendo actuar de algún modo?
- ¿Qué necesita tu niño interior para sanar esta dinámica? ¿Cuidado? ¿Más desbloqueo? ¿Que actúes alineado con tu yo auténtico? ¿Más ampliadores?

8

Actuar alineado con tu yo para bailar con el universo

Mientras aprendía más cosas sobre mi sombra y trabajaba para cuidar a mi niña interior, me quedó claro que lo que ella necesitaba de mí, por encima de todo, era protección. Como ya he contado anteriormente, cuando era pequeña mi madre no me ponía ningún límite y no era capaz de satisfacer mis necesidades emocionales. Es algo comprensible, porque ella tenía veinte años cuando nací, era prácticamente una niña, y además nadie se había preocupado nunca de sus necesidades. Creció sin ningún tipo de límites por parte de sus cuidadores y sin ninguna sintonía con ellos, y nadie puede atender las necesidades de los demás si antes no ha hecho el trabajo de ocuparse de las suyas propias.

Cuando yo tenía veintiocho años, mi madre seguía llamándome casi todos los días para quejarse largo y tendido de sus problemas. La mayoría de las veces ella había bebido antes de coger el teléfono. Lo notaba en su voz y en la forma caótica en que me contaba lo que estaba pasando en su vida. Era demasiado, esas llamadas siempre suponían un fuerte detonante emocional para mí.

En cierto momento las llamadas de mi madre empeoraron y mi relación con ella empezó a afectarme negativamente. Yo estaba siempre preocupada por su problema con la bebida, los sueños que no había cumplido y su bienestar general. Pero me sentía incapaz de cambiar ninguna de esas cosas.

Incluso cuando no tenía comunicación con ella, mis detonantes emocionales se activaban a la mínima, y muchas veces me superaban las emociones. Mi niña interior estaba pidiendo protección a gritos. Me di cuenta de que, para sanar, tenía que empezar a poner límites.

Después de reflexionar sobre cómo mantener la relación con mi madre al mismo tiempo que cuidaba y protegía a mi niña interior, me di cuenta de que el límite más importante que debía poner tenía que ver con la bebida. A aquellas alturas ya había hecho el trabajo suficiente para saber que, por mucho que quisiera, no podía evitar que ella bebiera, porque no tenía forma de influir en sus acciones. Además, necesitaba aceptar que seguramente ella tendría problemas con las adicciones siempre. Eso era parte de su viaje, y yo no tenía control sobre ello. Pero lo que sí podía hacer para protegerme a mí y a mi niña interior era no hablar con ella ni ir a verla cuando hubiera bebido y no estuviera comportándose como su yo auténtico, es decir, cuando tenía esa energía increíble que me encantaba tener cerca.

Después de pensarlo mucho, un día le dije a mi madre, con mucha serenidad y sin juzgarla, que la quería mucho y que no deseaba cortar la comunicación con ella, pero que no quería que me llamara después de las once de la mañana si antes había bebido. Que hablar con ella cuando estaba así no me hacía bien. No le gustó oír eso, claro. Mis palabras sirvieron de detonante emocional para la sombra de mi madre, y ella se rebeló, pero con el tiempo me llevé una agradable sorpresa y me sentí muy aliviada: acabó comprendiendo y respetando mi límite. Y en la actualidad sigue haciéndolo.

Mi madre dejó de llamarme si había bebido, y nuestras conversaciones, más claras y sobrias, se volvieron más sensatas y menos unipersonales. Dejé de temer el momento en que sonara el teléfono y empecé a sentirme más cómoda con nuestra relación y más tranquila en mi vida. Eso me dio la confianza y la motivación para ampliar el límite y aplicarlo también al tiempo que mi madre y yo pasábamos juntas. Cuando iba a verla, dábamos largos paseos por la mañana si estaba sobria. Después la dejaba y ya no la veía hasta la mañana siguiente. Eso me ayudó a apreciar muchísimo el tiempo que compartíamos.

En cuanto establecí ese límite, me pareció sentir que mi niña interior soltaba un enorme suspiro de alivio. La había protegido como debí haberlo hecho durante mi infancia y mi adolescencia, y fue increíblemente sanador. Enseguida me llenó una gran paz y pensé que hacía mucho tiempo que no me sentía tan bien en mi cuerpo.

Desde entonces, mantener ese límite y seguir encontrando formas positivas de conectar con mi madre me ha servido para cuidar a esa niña interior y aumentar mis manifestaciones. Mis detonantes emocionales ya no se activan con tanta facilidad, sobre todo en cuanto a su problema con la bebida. Ahora estamos muy conectadas y tenemos una relación estupenda. Cuando hice el trabajo con mi niña interior, logré liberarme por completo de los juicios y verla a ella solo como esa niña interior cuyos cuidadores nunca estuvieron a la altura. Eso me ayudó a sentir por ella una profunda compasión.

Sigue sin gustarme nada que mi madre beba, porque me preocupo por su bienestar. Me gustaría verla aprovechar sus talentos y que sintiera la profunda belleza que existe en el mundo. Pero ahora la miro desde un lugar de empatía y compasión; no la juzgo.

Esta sanación me ha acercado mucho más a mi autenticidad, y los niveles de magnetismo que he experimentado desde entonces me han parecido casi milagrosos.

Pasar de lo interno a lo externo

Quiero que dediques un momento a felicitarte por todo el trabajo que has hecho hasta ahora en este proceso de manifestación neural. Has conectado con tu yo auténtico, elaborado tu lista y empezado a ampliar, desbloquear e integrar tu sombra y a cuidar a tu niño interior. Con suerte, también habrás empezado a responder a las pruebas con una conducta de alta autoestima y negándote a conformarte. ¡Felicidades por haber llegado tan lejos!

Al margen de las pruebas, todo el trabajo que has hecho hasta ahora ha sido interno. Se ha basado en aumentar tu autoestima subconsciente para que esté alineada con tus auténticos deseos. Eso es una parte importante de este viaje y espero que sientas que en tu vida te estás mostrando cada vez más como la persona magnética y auténtica que viniste a ser. Ahora ha llegado el momento de añadir un trabajo externo, que consiste en demostrar tu alta autoestima actuando alineado con tu yo auténtico, lo que te acercará a tus manifestaciones.

Mientras amplías y desbloqueas, el universo espera que demuestres tu nivel de autoestima actuando alineado con tu yo auténtico. Eso le permitirá evaluar en qué punto te encuentras en relación con las manifestaciones que estás invocando. Considéralo así: la tercera ley del movimiento de Newton dice que toda acción produce una reacción igual y en sentido opuesto. Los actos que vas a realizar provocarán una reacción igual por parte del universo, que necesita que tú des un paso para poder ir a tu encuentro. Así es como serás capaz de crear conjuntamente con él y conectar con tus manifestaciones.

Pero presta atención a lo que he dicho: vas a «añadir» la parte de actuar alineado con tu yo auténtico. Eso no significa que hayas acabado con los demás aspectos del proceso. Para que puedas manifestar de verdad, los tres pasos (ampliar, desbloquear y actuar alineado con tu yo auténtico) tienen darse al mismo tiempo. Se trata del triplete de la manifestación neural. Ampliar crea espacio para tu manifestación, desbloquear elimina los bloqueos que la están alejando, y actuar alineado con tu yo auténtico demuestra tu autoestima, lo que crea magnetismo y atrae literalmente hacia ti tu manifestación. Cuando los tres aspectos se activan a la vez, surge la magia.

Otras técnicas de manifestación enseñan a «actuar como si» o «vivir en el resultado» o, lo que es lo mismo, fingir que ya has conectado con tu manifestación. Te animan, en definitiva, a actuar sin desbloquear y ampliar. Es algo así como decirte: «Fíngelo hasta que lo consigas». Pero eso no funciona, porque no eleva tu autoestima subconsciente.

No olvides que tu realidad externa es un espejo que refleja tu realidad y tu autoestima subconscientes. Así que, si actúas sin desbloquear y ampliar, seguirás invocando dinámicas y detonantes emocionales que reflejan tu baja autoestima. Dicho de otra manera, seguirán llegándote las mismas pruebas, solo que con otro envoltorio. Pero si elevas tu autoestima ampliando, desbloqueando y demostrando al mismo tiempo tu alta autoestima actuando alineado con tu yo auténtico, conectarás con cualquier manifestación que esté en consonancia con tus deseos auténticos.

Además de responder a las pruebas con las conductas de alta autoestima que ya he descrito, hay cuatro maneras principales de actuar alineado con tu yo auténtico: poner límites, limpiar el espacio, saltar al abismo y seguir las alertas. Hablaré con más detalle de las alertas en el siguiente capítulo. Por ahora nos vamos a centrar en las tres primeras.

Poner límites

Defino «límite» como una limitación energética, verbal o de acción que establecemos para defender y respetar las necesidades de lo que consideramos que es nuestro yo auténtico, valioso y completo. Un límite marca la frontera que no se puede cruzar en relación con lo que vamos o no a aceptar en nuestras relaciones profesionales, románticas, familiares o de otro tipo. Si en tu vida hay algún elemento físico, emocional, o que tenga que ver con situaciones o relaciones, que no está alineado con tu yo auténtico, te quitará espacio de tu campo energético y se convertirá en un bloqueo. Eso es una indicación de dónde tienes que establecer un límite para ti o para los demás.

Poner límites resulta increíblemente magnético por varias razones. Primero, como ya comprobé con mi madre, es sanador para tu niño interior. También deja claro que ya no estás dispuesto a aceptar experiencias que no estén alineadas con tu yo auténtico. Y todo esto es una clara demostración de alta autoestima, que provocará una reacción igual por parte del universo y creará magnetismo.

La mayoría de nosotros no necesitamos rebuscar demasiado en nuestra vida para encontrar dónde tenemos que poner límites. Sabrás que necesitas establecer un límite cuando sientas que se activa un detonante emocional, que alguien se aprovecha de ti o que los demás no te ven, no te quieren o no te cuidan. Básicamente, los límites te ayudarán a expresar tu autoestima en todas las dinámicas de tu vida que no te hagan sentir bien.

Límites y desbloqueos

A la hora de poner límites, es muy importante que desbloquees mucho en relación con esa dinámica en particular, o el universo seguirá poniéndote a prueba con detonantes similares. Si un límite no está funcionando en tu vida, normalmente no tiene nada que ver con la otra persona, es un reflejo de tu autoestima en relación con el momento en que se traspasaron tus límites en la infancia. Cuando le puse a mi madre el límite sobre el tema de la bebida, tuve que hacer al mismo tiempo muchísimo desbloqueo y trabajo con mi niña interior. No tengo ninguna duda de que esa es la razón por la que ella lo respetó.

Para lograr entender y desbloquear la dinámica que hace que tu límite no funcione, el primer paso siempre es desbloquear. El siguiente es plantear verbalmente el límite. Por ejemplo: «Mamá, no me llames si has bebido». No dejes de desbloquear mientras esperas a ver si la otra persona respeta ese límite. Si lo hace, estupendo. Si no, tendrás que dar un paso más. Por ejemplo, si mi madre hubiera seguido llamándome cuando estaba borracha, yo habría actuado dejando de responder a cualquier llamada que me hiciera después de las once de la mañana.

Olivia decidió poner un límite verbal a su madre y lo hizo muy bien. Cuando empezamos a trabajar juntas, ella estaba muy centrada en manifestar un cambio en su carrera profesional, pero, siempre que hablaba con su madre, esta insistía en la vida amorosa de Olivia y no dejaba de preguntarle cuándo se iba a casar. Eso era un detonante emocional para ella; después de hablar tantas veces con su madre se sentía nerviosa, angustiada e insegura sobre las elecciones que había hecho en su vida.

Tras trabajar un tiempo con el desbloqueo, Olivia decidió establecer un límite verbal con su madre. Primero se lo dijo directamente: «No quiero hablar de mi vida amorosa contigo. Ahora mismo estoy muy centrada en mi carrera, no en casarme. Siento que eso suponga una decepción para ti, pero es importante para mí».

Por desgracia, al principio la madre de Olivia no respetó ese límite. A raíz de eso, cada vez que su madre sacaba el tema de sus citas o del matrimonio, Olivia le colgaba lo más educadamente posible, diciéndole: «Mamá, te tengo que dejar». Al principio se vio obligada a hacerlo muchas veces, pero, con el tiempo, y después de que Olivia se esforzara aún más con el desbloqueo, su madre empezó a respetar sus límites cada vez más. Al final consiguieron tener una relación que estaba más alineada con la autenticidad de Olivia.

Es importante ser consciente del hecho de que, cuando empiezas a ponerles límites a los demás, se activan los detonantes de sus sombras y ellos reaccionan intentando que te sientas pequeño otra vez, porque eso les permite permanecer cómodamente en la dinámica que conocen y con la que se sienten seguros. Si te ocurre esto, recuérdate que el cambio a nivel interior siempre es difícil, y lo es más cuando la gente que nos rodea se resiste a él.

Cuando alguien no respete tus límites, intenta ser indulgente contigo y con la otra persona, y ten presente siempre que esa dinámica no es algo personal. Es un reflejo de dónde necesitas crecer y seguramente también de los traumas, bloqueos y creencias limitantes de la otra persona. Considera los límites como una especie de prueba y elige responder con una conducta de alta autoestima.

La indulgencia en momentos como este también aumenta tu magnetismo. Es una señal para el universo de que estás subiendo de nivel. Y al universo le encanta apoyarnos cuando nos ve accediendo a nuestro poder.

Limpiar el espacio

Cuando miramos nuestra vida desde la perspectiva de nuestro código auténtico, es habitual que nos demos cuenta de que muchas de las personas, cosas y experiencias que hay en ellas no están en consonancia con lo que somos en realidad. Limpiar el espacio es un paso decisivo para eliminar los elementos que ya no están alineados con nosotros.

Siempre estamos evolucionando y creciendo y, a menos que dediquemos intencionadamente un tiempo a limpiar el espacio y subir de nivel, es muy fácil que acabemos teniendo una vida que esté completamente desconectada de nuestra verdad. Y será evidente gracias a pequeños detalles, como seguir llevando ropa que ya no va con tu estilo actual, o a cosas más grandes, como continuar con una relación o una carrera que no están alineadas con tu yo auténtico.

Aunque eso es normal y muy común, eliminar esas cosas de tu vida es una parte importante del proceso. Mantener en ella elementos que no están alineados con tu autenticidad evitará que se presenten tus manifestaciones. Para manifestar necesitas vivir totalmente en sintonía con tu autenticidad y tu verdad.

Por ejemplo, imagina que estás manifestando que quieres encontrar una nueva pareja, pero mientras sigues hablando con tu ex. Esa relación está ocupando el espacio energético que tu manifestación necesita. Además, tus acciones comunican al universo que estás dispuesto a conformarte con interacciones de baja autoestima. Deberías interrumpir la comunicación con tu ex para dejar espacio a la relación que quieres que aparezca.

Amanda experimentó personalmente el poder de limpiar el espacio. Era creadora de contenido digital y quería que todas las oportunidades de colaboración que decidiera aceptar estuvieran alineadas con su autenticidad. Eso significó para ella tener que decir que no a unas cuantas muy bien remuneradas pero que claramente no se estaban en sintonía con ella. Cuando pasó esas pruebas, se dio cuenta de que no había acabado, porque una amiga con la que hacía años que tenía mucha confianza se ponía a cotillear sin parar cuando estaba con ella. Amanda entendió que eso no era más que otra prueba para comprobar su capacidad para mantenerse fiel a su autenticidad e integridad. Así que puso un límite y le pidió a su amiga que no cotilleara cuando ella estuviera delante.

Pero como la otra no dejó de traspasarlo, Amanda supo que tenía que limpiar ese espacio y dejar de lado esa amistad. Cuando lo hizo, se presentó una colaboración con una marca que estaba perfectamente alineada con ella.

Todo lo que haya en tu vida que no te resulte verdaderamente auténtico evitará que se presenten tus manifestaciones. Pero eso no significa que tengas que actuar inmediatamente, ni que debas eliminar cosas de tu vida para siempre. Algunas son fáciles de erradicar, pero otras necesitarán una respuesta a largo plazo. Eso no importa. No hay prisa para completar este proceso, y el trabajo es continuo. Ve avanzando a tu ritmo.

Deshacerse de objetos

Una de las formas más fáciles de empezar a limpiar el espacio es revisar los objetos físicos que tienes a tu alrededor y que ya no están alineados contigo. Empieza por el armario. ¿Qué prendas hace años que no te pones? ¿Cuáles simplemente ya no te apetece llevar?

Escoge por lo menos una prenda (aunque pueden ser muchas más) y dónala o véndela. Después date una vuelta por tu casa. ¿Tienes un cajón de los trastos que hayas estado evitando? ¿Una estantería con un montón de adornos con los que no sabes qué hacer? ¿Puedes revisarlos y limpiar un poco el espacio, donando o tirando alguno de esos objetos que ya no significan nada para ti?

Aunque limpiar el espacio de objetos físicos puede parecer fácil, seguramente te darás cuenta de que mantienes un vínculo emocional con algunos que ya no están alineados contigo. Es posible que representen una parte de tu pasado y que por eso te cueste deshacerte de ellos. Evidentemente puedes guardar algunas cosas que tengan mucho valor sentimental. En cuanto a todo lo demás, he descubierto que regalarle esos objetos a alguien que les pueda dar uso y disfrutarlos ayuda. Resulta gratificante saber que esas cosas seguirán produciéndole satisfacción a alguien. También hay muchas plataformas en internet que se dedican a vender, intercambiar o reciclar objetos antiguos.

Existe otra forma de limpiar el espacio en tu vida, que es hacer cambios en la cantidad y calidad del contenido digital que consumes. Abre el teléfono y busca algo que haga mucho que no revises. Puede ser la carpeta de la cámara, las aplicaciones, los contactos o incluso las redes sociales. Échale un vistazo y deshazte de cualquier foto, aplicación, contacto o cuenta que ya no esté alineado contigo. Yo he llegado al punto de silenciar todo lo que tenía en las redes sociales, excepto las cuentas que me sirven de ampliadores. De esa forma, cada vez que abro la aplicación de una red social, sé que me servirá para ampliar y acercarme a mis manifestaciones.

Si tienes algún hábito poco recomendable relacionado con el contenido digital, limita el tiempo de uso del teléfono y reduce la cantidad de horas que pasas delante de las pantallas. En estos casos, y también en lo referente a otros hábitos perjudiciales, trabaja en abordar el detonante o la emoción subyacentes que te estén llevando a gestionar las cosas así o a desconectar de esa forma. Es probable que no consigas erradicar ese hábito de un día para otro.

No pasa nada. Empezar poco a poco e ir mejorando contribuirá a aumentar tu autenticidad y tu magnetismo.

Limpiar el espacio de objetos materiales, físicos o digitales te resultará menos complicado que hacerlo con tu carrera o tus relaciones. En el ámbito de tu carrera profesional, delega tareas con las que te parezca que no estás alineado o pide que te asignen nuevas responsabilidades que estén más cerca de tu verdad. Si tu salario no refleja tu valor, intenta negociar un aumento o un bonus. Si no lo consigues, si te parece que tu trabajo es demasiado tóxico o que se encuentra demasiado alejado de tu verdad, planifica manifestar una nueva oportunidad profesional.

Una de mis formas favoritas de limpiar el espacio en mi vida es acabar completamente con esas tareas pendientes que no están alineadas conmigo. Me pregunto si preferiría no hacer algo y, si es así, me libro de lo que sea o lo delego en alguien. Hay muchísimas formas de limpiar el espacio. Sea cual sea la que decidas poner en práctica, estarás dejando sitio para algo mejor.

Saltar al abismo

Como he comentado anteriormente, una de las formas más efectivas de actuar alineado con tu yo auténtico es la que llamo «saltar al abismo». Me refiero a dar ese paso arriesgado y emocionante que llevas tanto tiempo deseando, como dejar el trabajo, o una relación, o mudarte a otra ciudad u otro estado. Sí, a veces limpiar el espacio implica saltar al abismo. Y normalmente es el último gran paso que sabes que necesitas dar para acercarte a tu autenticidad.

En la mayoría de las ocasiones, solo pensarlo te dará miedo. Pero cuando lo superes y saltes al abismo, estarás diciéndole al universo que sabes lo que quieres, que es posible, que te lo mereces y que no vas a esperar más. ¡Es algo poderosísimo!

Pero hay algunos detalles que deberías tener en cuenta antes de hacerlo. El primero es que tienes que ampliar y desbloquear todo lo relacionado con esa manifestación antes, durante y después de lanzarte, eso es crucial. Recuerda que «actuar como si» no sirve para cambiar tu autoestima subconsciente. Tienes que hacer el trabajo de ampliar y desbloquear al mismo tiempo para conectar con tu manifestación.

El segundo es que, si ese abismo al que estás pensando lanzarte implica dejar tu trabajo o asumir algún gran riesgo financiero, te asegures de tener antes lo que llamo el «fondo para tus cosas»: unos ahorros que asciendan a una cantidad equivalente a entre seis y nueve meses de tu salario actual.

Quiero aclarar algo. No estoy diciendo que necesites una red de seguridad por si no logras conectar con tu manifestación. Creo de verdad que, si has hecho todo el trabajo necesario, tu manifestación será un éxito; lo he visto con mis propios ojos. Pero saber que tienes ese fondo como apoyo te ayudará a seguir actuando tranquilo y lleno de confianza desde un estado de alta autoestima y a no dejarte llevar por el pánico ni verte empujado o tentado a conformarte con cualquier cosa si tu manifestación tarda más en dar frutos de lo que a ti te gustaría. Asegurarte de que tus necesidades básicas están cubiertas, en vez de actuar de forma temeraria, también es una señal para tu niño interior de que puedes confiar en ti mismo y que estás a salvo y seguro.

La mejor forma de saber con seguridad si estás preparado para saltar al abismo es mirar lo que te rodea externamente. Como tus circunstancias son un reflejo de tu autoestima, tus experiencias externas demostrarán cuánto has logrado cambiar internamente. ¿Qué dinámicas se han visto alteradas? ¿Cuáles no? Y, lo más importante, ¿las mismas dinámicas siguen siendo un detonante emocional para ti en la misma medida o tan a menudo como antes? Si los antiguos patrones o detonantes siguen surgiendo, hace falta más trabajo de desbloqueo.

Nicole es actriz, y llevaba mucho tiempo harta de su agente antes de decidir saltar al abismo. Él no le presentaba todas las oportunidades que ella esperaba o quería en ese momento de su carrera. Además, las últimas veces que reclamó el pago por sus papeles, su agente remoloneó a la hora de darle la parte que le correspondía. Cuando Nicole le preguntaba por el dinero, él se mostraba condescendiente y le ponía excusas para explicarle por qué tenía que retener el dinero antes de dárselo a ella.

Nicole sabía que necesitaba un agente nuevo y más alineado con ella, y había estado intentando invocarlo. Pero tenía demasiado miedo a dejar al actual hasta que apareciera otro. Mientras esperaba, la dinámica con su agente la preocupaba mucho y suponía un detonante emocional para ella. Cada vez que no le pagaba a tiempo, ella se sentía culpable por tener que pedirle el dinero, y angustiada por si la dejaba tirada antes de que ella encontrara a un nuevo agente.

Siempre recomiendo hacer el trabajo cuando estás en pleno momento de tensión, porque entonces es cuando el universo te pone a prueba con los detonantes. Y eso fue justo lo que hizo Nicole. Después de varias semanas de ampliar y desbloquear, consiguió un nuevo papel en una película independiente. Estaba muy contenta y ocupada preparándose para viajar a rodar la película, y llamó a su agente para preguntarle cuándo iba a cobrar. Al parecer, a su agente ya le habían enviado el dinero, pero, una vez más, él no se lo había comunicado. «¿Por qué me preguntas eso? ¿Es que necesitas dinero para ir al cine este fin de semana?», le preguntó él con muy malos modos por teléfono.

Nicole no se podía creer lo que estaba oyendo. No, no tenía intención de ir al cine; se estaba preparando para irse a trabajar en una película y su agente lo sabía mejor que nadie. Pero esa vez sus detonantes no se activaron y no tuvo la tentación de hacerse pequeñita una vez más. Ni siquiera se enfadó. Tenía clarísimo que se merecía algo mejor. Fue la indicación definitiva de que necesitaba expresarle su autoestima al universo y saltar al abismo.

Le dijo a su agente que necesitaba que la pagara antes de que subiera al avión, y que después de ese papel no quería seguir trabajando con él. Pasaron varios meses, en los que ella no dejó de ampliar, desbloquear y actuar alineada con su yo auténtico, y al final apareció un nuevo agente que era mucho más entusiasta y la apoyaba totalmente.

Decir «no»

Si sientes que saltar al abismo es demasiado arriesgado, proyecta tu alta autoestima en otros aspectos de tu vida diciendo «no». Decir «no» es un acto definitivo de autocuidado y una de las cosas más magnéticas que puedes hacer. Empieza a ejercitar ese músculo del «no» y verás lo poderoso (y magnético) que resulta ponerte a ti en primer lugar.

A algunos nos resulta muy difícil decir que no, porque nos han enseñado a agradar siempre a los demás y a temer que nos vean como personas difíciles o antipáticas. Si te ocurre esto, empieza por decir que no a cosas pequeñas y ve progresando poco a poco. Cuanto más entrenes el músculo del «no», más fácil te resultará. Es probable que te des cuenta de que, cuando reivindicas tu propio valor, casi nunca se producen repercusiones negativas.

PUNTOS CLAVE

- ✓ Actuar alineado con tu yo auténtico muestra una alta autoestima y que no estás dispuesto a seguir conformándote con las mismas cosas que en el pasado. Eso te ayudará a acercarte a tus manifestaciones.
- ✓ Poner límites, saltar al abismo, limpiar el espacio y seguir las alertas (hablaremos más sobre este tema a continuación) son maneras de actuar alineado con tu yo auténtico.
- ✓ Lo más importante es que debes continuar ampliando y desbloqueando al mismo tiempo que actúas alineado con tu yo auténtico. Los tres procesos deben estar activados al mismo tiempo para que tus manifestaciones se cumplan.

MOMENTO MAGNÉTICO:
¿Dónde necesitas poner límites?

Responde a la siguiente pregunta en tu diario: a qué cuestión en tu vida has estado diciendo que sí, aunque en lo más profundo querrías decir que no?

A continuación, voy a sugerirte unas cuantas situaciones en las que puedes empezar a poner límites diciendo que no a cosas que ya no están alineadas contigo. Recuerda que «no» es una frase completa. Ponla en práctica.

- Ir a una reunión social cuando necesitas tiempo para estar a solas:
  - «Parece muy divertido, pero este fin de semana necesito tiempo para mí».

- Ayudar a un amigo con algo cuando no puedes:
    - «Lo siento mucho, pero creo que estoy desbordado. No te voy a poder ayudar. Tengo demasiado lío esta semana».
- Aceptar una tarea más en el trabajo cuando ya estás hasta arriba:
    - «No puedo ocuparme de eso hasta que no me libre de X y Z».
- Responder a una llamada cuando no tienes la cabeza para hablar:
    - «Oye, perdona, pero no puedo hablar ahora mismo. Te llamo cuando pueda».

9

Escuchar y responder a las alertas intuitivas

Poco después de romper con Ryan, estaba revisando Instagram cuando me llamó la atención un *post* de una antigua amiga con la que llevaba años sin hablar. Ella siguió un camino muy diferente al mío y perdimos el contacto. Pero en aquella publicación me fijé en que se la veía muy bien de salud y feliz, mejor que en los últimos tiempos, y me alegré mucho. Sentí la necesidad de decirle algo y recuperar el contacto, aunque no hubiera una razón evidente para hacerlo.

Poco después quedamos para cenar. Fue agradable charlar y ponernos al día y ver lo bien que le iba. Estábamos empezando a reconstruir nuestra amistad y no me pareció que estuviéramos en el punto de vernos de forma continua, sino más bien quedar de vez en cuando, de mes en mes, por ejemplo.

Pero, unas semanas después, ella me invitó a una barbacoa que iba a organizar porque se había mudado de barrio. Mi respuesta habitual habría sido rechazar educadamente la invitación, porque soy bastante casera. Pero no dejaba de oír una vocecilla en mi cabeza que me decía que fuera. En ese punto de mi viaje personal de manifestación, ya sabía que tenía que escuchar esa voz.

El mismo día de la barbacoa me pregunté por qué había aceptado. Pero de todas formas me arreglé y fui. Me dije que, si no me lo pasaba bien, podría irme al poco rato.

Siempre he sido una persona muy puntual así que, cuando llegué a casa de mi amiga, no había casi nadie. Solo había otro invitado. Era Max.

Creo que basta con decir que no me fui enseguida. La verdad es que me pasé toda la barbacoa hablando con él. Durante la fiesta estuve comentándole a la gente detalles de su astrología por diversión, así que Max aprovechó y me pidió que le enviara su carta astral, solo para conseguir mi número. Muy listo. Al día siguiente me preguntó si quería salir a cenar con él unos días después y así empezó nuestro viaje.

Después de que todo esto ocurriera, me resultó obvia la razón por la que mi intuición me había dicho que retomara aquella amistad del pasado y que fuera a la barbacoa. Había estado invocando una nueva pareja y el universo me había enviado lo que llamo «alertas», o ráfagas de intuición, para acercarme a mi manifestación, que era Max.

A partir de entonces empezó a quedarme cada vez más claro el concepto de las alertas, y el hecho de que siempre me dirigían a la ampliación, a algo que necesitaba hacer para acercarme a una manifestación, o a la manifestación en sí misma. Por ejemplo, cuando buscaba una casa de invitados para alquilar, recibí la alerta de contactar con Jonas para preguntarle por su casa de Echo Park. E, incluso, cuando estaba manifestando mis Levi's blancos *vintage*, me llegó una alerta que me dirigió a una tienda *vintage* específica en la que nunca había estado. Pero fue esta experiencia con Max la que me llevó a interiorizar del todo que escuchar y responder a esas alertas intuitivas es una parte importante del proceso de manifestación.

¿Qué son las alertas?

Las alertas son mensajes intuitivos del universo que sirven para ayudarte a conectar con tu manifestación, ya sea de forma directa o indirecta. Quien te las envía es el universo, para que actúes de alguna forma clave: para que hagas algo concreto, vayas a algún lugar en particular o conectes con algo específico. Las alertas te llegarán de diferentes maneras: en forma de sensaciones, visiones mentales, voces interiores, gente que te menciona algo o incluso olores o sabores. A veces se perciben como un profundo conocimiento interno; por ejemplo, es como si en el fondo hubiera sabido que debía ir a aquella barbacoa. Otras surgen en forma de mensaje o de consejo que te da otra persona. A mí una vez me llegó una alerta a través de una valla publicitaria.

Las alertas pueden estar relacionadas con algo grande o pequeño. Es posible que te digan que te tomes unas vacaciones en el trabajo y hagas un viaje largo. O que pruebes una cafetería nueva, que utilices una ruta diferente para ir al trabajo o que contactes con un desconocido o con alguien que hace mucho que no ves. No subestimes el impacto que puede tener una alerta de algo «pequeño». Una acción aparentemente insignificante tiene la capacidad de acercarte mucho a una manifestación importante. He visto alertas para conectar con todo tipo de manifestaciones, desde algunas relacionadas con el dinero, la carrera profesional o un viaje, hasta otras que tenían que ver con algo muy concreto, como mi par de vaqueros favoritos.

Escuchar las alertas es una parte importante de este proceso de manifestación neural, y no solo porque eso nos acerca a nuestras manifestaciones. También nos ayuda a conocer y confiar en nuestra propia intuición, esa sabiduría innata con la que todos hemos nacido. Tenemos neuronas en nuestros órganos internos que le envían mensajes al cerebro y nos ayudan a tomar decisiones, sobre todo emocionales. De ahí viene la expresión «sensación visceral». Cuando escuchamos a nuestro interior, estamos siguiendo nuestra intuición natural.

Por desgracia, tras experimentar programación, vergüenza, dolor y trauma en nuestra infancia, muchos nos desconectamos de nuestra intuición. Ignoramos esas sensaciones viscerales y preferimos escuchar los mensajes de los demás para permanecer a salvo. Nuestra intuición siempre nos guía hacia el camino correcto para nosotros. Pero, ya de adultos, en vez de prestarle atención, actuamos desde el ego, nuestra programación y nuestras creencias limitantes. Elegimos lo que nos parece que «deberíamos hacer», en vez de seguir nuestro camino auténtico, dirigidos por la intuición.

Escuchar las alertas es una forma de volver a conectar con nuestra sabiduría innata. Es otro paso que nos acerca a nuestro yo auténtico, valioso y completo. Cuanto más cultivas tu relación con tu intuición, más crece tu confianza en tu proceso intuitivo de toma de decisiones. Así lograrás reconocer y reaccionar a las alertas cada vez mejor, y estas serán más fuertes y te llegarán con mayor frecuencia.

EJEMPLOS DE ALERTAS

- Tener la sensación de que necesitas hacer un viaje espontáneo a un lugar en concreto.
- Tener la sensación de que deberías contactar con alguien que conociste en el trabajo hace años.
- Tener la sensación de que debes empezar un pódcast.
- Tener la sensación de que deberías ir a dar un paseo a la hora de comer, aunque eso no forme parte de tu rutina habitual.

- Tener la sensación de que deberías descargarte una aplicación de citas que no has utilizado antes.

Tipos de alertas

Aunque las alertas te acercarán siempre a tu manifestación, no tienen por qué hacerlo directamente. A veces una alerta te llevará a ella sin rodeos, como cuando se me ocurrió llamar a Jonas para preguntarle por su casa de Echo Park y conseguí inmediatamente el lugar para vivir con el que soñaba. Pero muchas veces te dirigirán hacia uno de los tres aspectos fundamentales del proceso de manifestación: ampliar, desbloquear o actuar alineado con tu yo auténtico. Lo divertido es que no hay forma de saber exactamente adónde te va a llevar esa alerta hasta que la escuchas y la atiendes. Después, en retrospectiva, comprenderás exactamente por qué sentiste esa necesidad. Es interesantísimo ponerse a juntar las piezas después de haber conectado con una manifestación.

Cuando recibes una alerta que te dirige a ampliar, normalmente llegará en forma de impulso para que hagas algo que no entiendes del todo en el momento. Cuando la escuches, aparecerá algo o alguien que te ayudará a creer que tu manifestación es posible en tu vida.

Las alertas que te dirigen a desbloquear son como un destello de comprensión. De repente ves con total claridad la raíz de tu bloqueo o de tu patrón, o te vuelves consciente de una dinámica o una creencia limitante que te ha estado lastrando y que hasta entonces era algo totalmente subconsciente. Esas alertas son regalos que te ayudan a desbloquear y sanar para que conectes con tu manifestación.

Por último, las alertas que te llevan a actuar alineado con tu yo auténtico normalmente te dicen que hagas algo específico que te acercará a tu manifestación. Puede ser que vayas a alguna parte, que pongas algo en práctica, o que actúes alineado con tu yo auténtico de alguna manera, ya sea poniendo un límite, saltando al abismo o limpiando el espacio. Estas alertas tienden a repetirse una y otra vez hasta que las escuchas.

FORMAS DE POTENCIAR TU INTUICIÓN

Si no estás familiarizado con este trabajo o llevas mucho tiempo desconectado de tu intuición, te costará captar y confiar en los mensajes que recibes del universo. Veamos unas cuantas formas de conectar con tu intuición.

Presta atención a lo que te gusta y lo que no

Puede parecer muy fácil, pero los que tenemos muchos mensajes y traumas que afectan a nuestro yo auténtico, perdemos el contacto con nuestras preferencias personales. Estamos muy acostumbrados a hacer y elegir cosas para agradar a los demás o porque creemos que es lo que debemos hacer. Si examinas las diferentes partes de tu vida con la perspectiva de «me gusta esto» o «no me gusta», poco a poco serás capaz de definir cómo es tu yo auténtico en realidad. Entonces podrás empezar a ser fiel a tu verdad.

Si te parece demasiado, empieza poco a poco. Por ejemplo, ¿qué comidas te gustan y cuáles no? ¿Qué tipo de música te agrada y cuál no? ¿Qué tipo de películas te apetece ver y cuál no? Y así sucesivamente.

Cuando tengas más claras tus preferencias auténticas, trabaja en eliminar de tu vida lo que no te gusta y no está alineado con tu autenticidad. Tu intuición es parte de tu yo auténtico, así que cualquier cosa que no refuerce tu autenticidad evitará que llegues a oír y confiar en tu intuición.

Calma tu sistema nervioso

Si estamos en un estado de estrés máximo, en que las opciones son luchar, huir, bloquearse o adular, es prácticamente imposible escuchar a nuestra intuición. En esos momentos estamos centrados únicamente en la supervivencia. Cuanto más consigas calmar tu sistema nervioso, más fácil te resultará captar lo que te dice la intuición. Algunas de las cosas que hago para calmarlo son darme un baño con sales de magnesio a la luz de unas velas, meditar, pasar mucho tiempo en la naturaleza o, por supuesto, escuchar alguna de nuestras DI.

Activa tu intuición

Practica este ejercicio todos los días para mejorar la conexión con tu intuición. Pon una alarma para dentro de entre diez y veinte minutos, dependiendo del tiempo que tengas, y quédate sentado en silencio, solo concentrado en tu respiración. Ve ralentizando tus pensamientos hasta que notes tu mente más clara. Entonces pregúntale al universo si hay algo que necesitas saber ahora mismo. No fuerces nada. Solo recibe lo que te llegue y no lo analices ni lo cuestiones. Acepta la experiencia en el momento. Cuando termines, permanece sentado un momento y expresa tu gratitud por los mensajes que has recibido.

Finge que siempre tienes razón

Puede parecerte algo tonto, pero, en tu vida cotidiana, acostúmbrate a pensar: «Yo siempre tengo razón». No me refiero a tener razón en una discusión o conflicto con otra persona, ni a ir por ahí con una actitud egocéntrica. Hablo de que deberías aferrarte a la creencia de que tu voz interior siempre tiene razón. Así no te quedará margen para la duda, el miedo o la preocupación, y eso te llevará a confiar en tu intuición. Incluso si los pensamientos, sentimientos o alertas que has recibido no tienen sentido, o te parecen completamente ilógicos, confía en que son los correctos. Te prometo que con el tiempo verás que eran muy adecuados y brillantes.

¿Qué no son alertas?

Es muy importante que entiendas que no todos los pensamientos o impulsos que tengas son alertas. Estas nunca te dirigirán hacia antiguas conductas de baja autoestima, ni te indicarán que te conformes. Tu intuición tampoco te engañará para que hagas algo que ponga a prueba tu autoestima. Las alertas no son lo mismo que las pruebas. Las primeras son algo físico o emocional, mientras que las segundas son una necesidad de hacer algo, o una idea nueva.

Tampoco son nunca excusas. Ojalá me hubieran dado una moneda cada vez que alguien me ha dicho que no dejaba de acordarse de su ex y que eso tenía que ser una alerta para volver con él. Estoy convencida de que el universo nunca te mandará una alerta así. Si no dejas de pensar en tu ex, más bien es una indicación de que necesitas hacer el trabajo para sanar de esa relación. Las alertas siempre te acercan a tu manifestación, y si tu ex fuera eso, seguirías con él.

Tampoco aparecen en forma de compulsiones o necesidades urgentes. Esos son comportamientos que te mantienen atascado en antiguos patrones que ya no te sirven. Y muchas veces alimentan adicciones o conductas paralizantes. Esas compulsiones son una forma de buscar alivio temporal para sentimientos que quieres evitar. Por ejemplo, una compulsión podría ser irte de compras cuando no tienes dinero para pasar la semana. Eso no es una alerta. Una alerta nunca te dirigiría hacia una conducta tóxica o a un capricho que no te beneficia.

Una forma de diferenciar entre una alerta y una compulsión o necesidad urgente es analizar cómo te llega el mensaje y cómo lo sientes. Las alertas nunca son frenéticas, ni se basan en el miedo. Te parecerán unos impulsos suaves y tranquilos. Tu intuición siempre está en calma y acepta las cosas como son. Si sientes ansiedad o miedo relacionado con una necesidad, es que no es una alerta. Pero esos sentimientos desagradables también son un regalo, porque te están señalando lo que necesitas desbloquear.

De hecho, no te preocupes ni tengas miedo por si te pierdes una alerta. Si no detectas o respondes a una al principio, seguirá llegándote, de la misma forma o de otras. Y cada vez se volverá más fuerte, hasta que al final te veas obligado a escucharla. Pero si no lo haces, tampoco perderás por completo tu manifestación.

LISTA DE COMPROBACIÓN PARA LAS ALERTAS

Cuando empieces a recibir alertas, utiliza esta lista para asegurarte de que de verdad lo son y no se trata de pruebas o compulsiones.

Cómo distinguir una alerta:

- Es algo claro y directo.
- Es como un conocimiento sereno; no hay un detonante ni una reacción emocional fuerte asociados con ella.
- Puede que no tenga lógica y que parezca arbitraria.
- Es alta autoestima. Las alertas nunca te dirigirán hacia patrones o hábitos de baja autoestima.

Cómo distinguir una prueba:

- Desafía un límite que te habías puesto a ti mismo.
- Sientes vergüenza por ello.
- Te hace conformarte o sentirte pequeño.
- Empeora una inseguridad, una herida fundamental o una sombra sobre la que necesitas trabajar.

Cómo distinguir una compulsión o una necesidad urgente:

- Te lleva hacia un patrón de baja autoestima que estás intentando erradicar.
- Te permite evitar un sentimiento o buscar alivio temporal, tal vez mediante un bloqueo.
- Es una respuesta reactiva a un detonante emocional, o está relacionada con una fuerte reacción emocional (no con un conocimiento interno sereno).
- Parece urgente o exige que actúes de forma impulsiva.

Manifestar tus alertas

Evidentemente, no siempre podrás responder a una alerta enseguida. Tal vez te diga que hagas algo que está fuera de tu presupuesto, o que no es realista ahora mismo por alguna otra razón. Es posible que, antes de seguirla, necesites insistir en el ampliar, desbloquear y actuar alineado con tu yo auténtico. Si te ocurre esto, pon la alerta en tu lista de manifestación. Después amplía, desbloquea, actúa alineado con tu yo auténtico y asegúrate de seguir cualquier otra alerta que sí te sea posible escuchar y que recibas durante el proceso.

Violet lo hizo así cuando estaba manifestando un nuevo trabajo como directora de marketing y recibió una alerta sobre ir a un retiro de yoga en Costa Rica, algo que parecía no tener ninguna relación. Lo más curioso es que Violet no era una persona muy aficionada al yoga. Lo había probado un par de veces, pero prefería hacer ejercicios más intensos, como correr o hacer *kickboxing*. Pero cuando vio un *post* sobre ese retiro, sintió un inexplicable impulso que le indicaba que fuera.

Por desgracia, Violet no se lo podía permitir, así que lo puso en su lista y siguió trabajando con el resto del proceso de manifestación neural. En aquella época, Violet llevaba años dedicándose al marketing como profesional free lance y estaba centrada en manifestar un trabajo en su especialidad, a jornada completa, en una empresa y con buenas condiciones, porque su pareja y ella querían formar una familia pronto.

Más o menos un mes después, Violet consiguió un nuevo cliente como free lance que le ofreció más de lo que ella solía cobrar. Y, para su sorpresa, la cantidad adicional que iba a ganar era prácticamente la misma que costaba ese retiro de yoga. Se sintió encantada de poder hacerlo sin tener que cargarlo en su tarjeta de crédito y acumular deudas. Había manifestado que quería tener dinero para ir a ese retiro y lo había conseguido.

Cuando llegó el momento, Violet se dio cuenta de que disfrutaba de hacer yoga en medio de la naturaleza más de lo que se esperaba. Y además conectó muy bien con las demás personas que estaban haciendo el retiro con ella. Pero se quedó alucinada al descubrir que una de ellas trabajaba para una empresa que quería contratar a un director de marketing. Incluso le dijo que les estaba costando encontrar a la persona correcta, porque varios candidatos no habían encajado.

Recuerda que, en cuanto elaboras tu lista, tu manifestación empieza a orbitar a tu alrededor. El universo se comunica contigo de varias formas para ayudarte a acercarte a ella. Los detonantes emocionales marcan qué tienes que sanar y desbloquear. Las pruebas son para asegurarse de que estás preparado para aceptar tu valor. Y las alertas te dicen dónde ir y qué hacer. Tras escuchar esas alertas y hacer el trabajo necesario en todos los aspectos del proceso, Violet logró conseguir el trabajo de directora de marketing de sus sueños y de esa forma conectar con su mayor manifestación.

PUNTOS CLAVE

- ✓ Las alertas son mensajes intuitivos del universo que te guían para acercarte a tu manifestación, tanto de forma directa como a través del proceso de ampliar, desbloquear y actuar alineado con tu yo auténtico.
- ✓ Las alertas nunca te dirigirán hacia conductas de baja autoestima, ni hacia ningún patrón que estés intentando romper, ni desafiarán un límite que te hayas puesto a ti mismo.
- ✓ Las alertas llegan como un conocimiento interno sereno y no provocan ansiedad ni miedo.

MOMENTO MAGNÉTICO:
Guarda registro de tus alertas

La mejor forma de entrar en contacto con tu intuición es empezar a guardar registro tus alertas. Yo lo hago en mi diario de manifestación. Como todos experimentamos las alertas de formas diferentes, este ejercicio te servirá para aprender cómo el universo te las comunica a ti; puede ser con palabras, sensaciones físicas o con un conocimiento interno profundo. También te servirá para crear un punto de referencia para saber cómo sientes la verdad en tu cuerpo.

Empieza una página nueva en tu diario y escribe el título: «Alertas». Cada vez que sientas algo intuitivamente, escríbelo y pon al lado la fecha. Revisa la lista de comprobación de este capítulo para asegurarte de que se trata de una alerta. Después, si puedes escuchar lo que te dice esa alerta inmediatamente, hazlo y anótalo también. Si hay algún resultado obvio, regístralo.

Haz lo mismo cada vez que surja una nueva alerta e intenta atender todas las que puedas. No dejes que el miedo se interponga a la hora de hacerlo. Procesa ese miedo, actúa según lo que te dicen esas alertas lo antes posible, y escribe los resultados de haberlas seguido.

Si te parece que no puedes atender una alerta concreta, piensa en si dispones de los recursos, los medios, el espacio, el tiempo y la oportunidad para hacerlo. Si no los tienes, añade lo que necesitas a tu lista de manifestación para que puedas a empezar a ampliar, desbloquear y actuar alineado con tu yo auténtico en relación con ello.

Cuando tus manifestaciones empiecen a ocurrir, repasa esa lista y apunta qué papel han desempeñado las alertas a la hora de conectarte con ellas. Incluso, en retrospectiva, puedes señalar con qué parte del proceso te ha conectado cada una de las alertas (desbloquear, ampliar o actuar alineado con tu yo auténtico). Eso te ayudará a reforzar tu músculo de la confianza y te demostrará lo poderosas que son tu intuición y las alertas que esta recibe.

10

El triplete

Antes de conocer a Max, cuando todavía estaba con mi pareja anterior, Ryan, ya estaba siguiendo el proceso de manifestación y había empezado a ampliar y desbloquear. Como ya he contado, cuando Ryan y yo nos conocimos, yo no sabía si quería tener hijos o no, y él tenía claro que no. Pero entonces yo empecé a trabajar en una guardería, donde tuve contacto con muchos tipos diferentes de familia, y por primera vez encontré distintas versiones de la que entendí que yo quería tener algún día. Se trataba de padres que les estaban proporcionando una experiencia creativa y positiva a sus hijos. Eso me sirvió para ampliar mi perspectiva de vida y querer ser madre.

Pero Ryan seguía pensando lo mismo. No quería hijos. Tuvimos muchas conversaciones sobre el tema y le dimos muchas vueltas, pero estaba claro que él no iba a cambiar de idea. Yo llevaba tiempo trabajando mucho en desbloquear en relación con la ampliación que había experimentado en la guardería, y sabía que tenía que saltar al abismo y terminar con Ryan para poder manifestar la pareja y la familia que quería. Pero no era capaz de romper con él.

Tenía veintisiete años cuando me di cuenta de que quería ser madre, pero al final seguí con él hasta los treinta. Y todo ese tiempo estuve atascada, sin poder hacer nada. La gota que colmó el vaso fue cuando encontré un anillo de compromiso *vintage* precioso, y con un precio asequible, que me encantaba. Se lo enseñé a Ryan, pero él no se dio por aludido y al final otra persona lo compró. Cuando vi que habían vendido el anillo, entendí por fin que nunca íbamos a formar una familia juntos. Si no saltaba al abismo y terminaba nuestra relación, nunca podría manifestar la vida que quería.

Por fin reuní el valor para romper la relación. Después de la ruptura, sufrí durante un tiempo por la relación perdida y lo que nunca llegaría a ser. Pero empecé a invocar una nueva pareja.

Al final conocí a Max en aquella barbacoa, solo seis semanas después de haber saltado al abismo y terminado la relación con Ryan (de hecho lo conocí justo después del ataque del perro que he mencionado al principio del libro). Pude manifestarlo tan pronto porque, en ese punto, ya había ampliado y desbloqueado todo lo posible, había actuado terminando mi relación y superando el duelo, y había respondido al ataque del perro desde un lugar de alta autoestima, en vez de volver corriendo con Ryan. En otras palabras, había completado el triplete.

Pero no acabó ahí la cosa. Cuando activé las tres partes del triplete, todo lo demás llegó enseguida. Max y yo nos comprometimos un año después de habernos conocido y empezamos a buscar un bebé. Ya tenemos dos hijos. Mi carrera despegó, conseguí libertad financiera y ambos manifestamos la casa de nuestros sueños y muchas cosas más. Eso me enseñó la verdadera importancia y el gran poder del triplete de la manifestación.

La importancia de activar el triplete

Ahora que ya conoces los elementos esenciales de la manifestación neural (ampliar, desbloquear y actuar alineado con tu yo auténtico), es importante que veas cómo funcionan todos juntos. Ya lo he dicho antes, pero merece la pena repetirlo: necesitas tener activados los tres elementos para que tu manifestación se presente. Ampliar crea espacio en tu subconsciente, desbloquear elimina los bloqueos que se interponen y actuar alineado con tu yo auténtico demuestra el aumento de tu autoestima. Así es como ocurre la magia de la manifestación.

Por desgracia, he visto muchas veces lo que pasa cuando la gente se centra solo en uno o dos de los pilares, la mayoría de las veces porque el tercero está relacionado con un miedo profundamente arraigado. Por ejemplo, puede resultar intimidante buscar ampliadores si los tienes en un pedestal. Es desesperante mirar en lo más profundo, a tus creencias limitantes, durante el desbloqueo porque no sabemos lo que vamos a encontrar. Y da un miedo horrible hacer lo que sabemos que es necesario, como me pasó a mí cuando tenía que romper con Ryan.

Dejar atrás esos miedos te acercará a conectar con tus manifestaciones. Pero no te juzgues por sentir miedo o por tardar en conseguirlo. Yo necesité tres años para saltar al abismo y romper con Ryan. De hecho esos miedos son regalos, porque te muestran exactamente lo que necesitas trabajar para elevar tu autoestima subconsciente, ampliar y desbloquear para estar alineado con tu manifestación.

Ningún aspecto del triplete es más importante que los otros. Pero, para aquellos que en el pasado hemos confiado en técnicas de manifestación supersticiosas que se centran en la visualización, la parte de la ampliación es la clave. Tu mente consciente puede imaginar cómo se ve y se siente tu manifestación, pero si nunca ha comprobado que es posible para alguien como tú, o que alguien similar a ti se ha acercado a conseguirla, no podrás conectar con ella. Ampliar alimenta tu mente consciente con información esencial. Hay que ver para creer.

Si estás desbloqueando y actuando alineado con tu yo auténtico de manera constante, pero no has experimentado la verdadera ampliación, no hay espacio energético en tu subconsciente para que tu manifestación aparezca, porque tu mente subconsciente todavía no se cree que algo así pueda ocurrir. Es posible que tu manifestación esté dando vueltas a tu alrededor, pero no tenga sitio para aterrizar hasta que tú creas que es posible. Cuando por fin llegues a creer que tu manifestación puede hacerse realidad, entonces se abrirá ese espacio.

Recuerda que encontrar ampliadores no tiene que suponer un esfuerzo enorme y abrumador. Puedes encontrar ampliación viendo programas de televisión o películas, escuchando pódcast, o echándole un vistazo a las redes sociales (siempre y cuando las cosas que estés mirando en ellas están alineadas contigo). Incluso puedes autoampliarte actuando alineado con tu yo auténtico de alguna manera. Eso permite a tu subconsciente ver para creer que puedes dejar atrás un miedo y dar el siguiente paso.

Por otro lado, si estás conectando con ampliadores y actuando alineado con tu yo auténtico de manera constante, pero no haces el trabajo de desbloqueo, seguramente llegarás a experimentar momentos de magnetismo, pero en último término solo podrás invocar pruebas, no tu verdadera manifestación, porque no estás abordando las creencias subconscientes de baja autoestima que están bloqueando tu confianza. No has creado todavía nuevas vías neuronales para la alta autoestima subconsciente en relación con esa manifestación en particular. No olvides que (sí, lo voy a repetir) manifestamos desde nuestras creencias subconscientes, no desde nuestros pensamientos conscientes. Por eso este paso es esencial.

He comprobado que a las personas muy pragmáticas les suele resultar bastante tediosa la parte del análisis emocional profundo del desbloqueo, así que centran toda su energía en superar las pruebas, poner límites y saltar al abismo. Y sí que consiguen algunos cambios pequeños, como ya he dicho, pero normalmente son las mismas dinámicas y coyunturas, pero con diferentes personas y situaciones.

Algunas personas también se resisten al desbloqueo diciendo que no han tenido ningún trauma importante, así que les resulta innecesario. Pero, por desgracia, eso es falso. No importa lo estupenda que fuera nuestra infancia o nuestros padres o cuidadores, todos tenemos que hacer un trabajo de desbloqueo, porque somos personas únicas y auténticas y nadie ha podido estar en sintonía con nosotros en todo momento. Y hay que tener en cuenta que los bloqueos también los producen la comunidad, los compañeros, los medios, etcétera. No hay forma de pasar por la vida en este planeta sin verse afectado por los mensajes del mundo exterior.

Eso no significa que nuestros cuidadores, o cualquier otra persona, hayan hecho algo mal. Aunque tengas muy pocos traumas, o no hayas sufrido apenas en tu vida, sin desbloquear solo podrás avanzar hasta cierto punto. Al final llegarás a un límite energético. Justo por eso mucha gente tiene momentos de estancamiento en su vida (y también en sus manifestaciones).

Todos tenemos la capacidad de generar neuronas nuevas y crear nuevas vías neuronales en cualquier momento. Esto significa que, independientemente del punto en el que empecemos, nuestro nivel de autoestima subconsciente siempre tiene capacidad de seguir creciendo y evolucionando. No tenemos límite. Y a mí eso me parece tremendamente emocionante. Aunque te sientas totalmente sanado y desbloqueado, puedes seguir elevando tu autoestima subconsciente aún más y manifestar cosas cada vez más grandes. ¿Por qué parar entonces?

Y si estás ampliando y desbloqueando, pero no actúas alineado con tu yo auténtico, el universo está esperando que demuestres tu autoestima a través de tus acciones. Así es como evaluará tu nivel de autoestima en relación con lo que estás invocando.

Ten en cuenta que actuar alineado con tu yo auténtico no significa que tengas que dar un gran paso o saltar al abismo ahora mismo. Puede que solo necesites hacer pequeñas cosas, como actuar desde un lugar de autenticidad en vez de desde el ego, responder a una prueba desde un lugar de alta autoestima en vez de conformarte, escuchar una alerta o delegar algo en tu vida que no está alineado contigo. Todos esos pequeños actos crean magnetismo.

Siempre y cuando sigas avanzando, el proceso no se detendrá. No pasa nada si solo das pasitos minúsculos, porque eso te ayudará a entrenar el músculo de la confianza y, con el tiempo, te sentirás más seguro a la hora de actuar alineado con tu yo auténtico de esa manera más contundente que sabes que necesitas. Si te pasa como a mí, cuando las manifestaciones mágicas empiecen a presentarse en tu vida de las formas más curiosas, te ilusionarás enseguida y querrás saltar al abismo cuanto antes.

¿QUÉ ELEMENTO TE FALTA?

Si estás **desbloqueando y actuando alineado con tu yo auténtico** de manera constante, pero no has experimentado la verdadera ampliación, no hay espacio en tu subconsciente para que tu manifestación se presente. La expansión es la pieza que te falta.

Si estás **actuando alineado con tu yo auténtico** de manera constante y conectando con tus **ampliadores**, pero se te siguen presentando las mismas pruebas, detonantes emocionales y dudas, los bloqueos de tu subconsciente están evitando que tu manifestación se presente. El desbloqueo es la pieza que te falta.

Si estás **ampliando** y **desbloqueando**, pero no actúas alineado con tu yo auténtico, el universo está esperando que le demuestres tu valor (a través de tus actos) para evaluar tu nivel de autoestima en relación con lo que estás invocando. Actuar alineado con tu yo auténtico es la pieza que te falta.

La pieza que falta

Si has estado trabajando en el programa de manifestación neural y tu manifestación no se ha presentado todavía, significa que al menos uno de esos elementos esenciales no está activado, o, al menos, no totalmente. Esa es la pieza que falta.

En el caso de Sydney, ella había desbloqueado y actuado alineada con su yo auténtico, pero no había llegado a la verdadera ampliación. Tras hacer todo el proceso de manifestación neural, Sydney manifestó unas cuantas cosas increíbles en su vida. Durante su primer año conectó con todo lo que tenía en su lista, que incluía manifestaciones sobre su carrera, sus viajes y su dinero. Pero en cuanto empezó a invocar su relación soñada, no hubo respuesta. Ni siquiera le llegaban pruebas ni alertas, a pesar de que sí había tenido fuertes intuiciones relacionadas con otros aspectos de su vida. Pero en esa ocasión solo había silencio.

Si analizamos la infancia de Sydney, ella tenía unos padres que fueron un ejemplo de matrimonio lleno de amor y compromiso. Así que contaba con una ampliación que le permitía creer que también era posible para ella. Pero, a pesar de ser una romántica en el fondo y de haber deseado siempre formar un vínculo duradero, Sydney nunca había tenido una pareja seria. Ya en la universidad, cuando sus compañeros empezaron a tener los primeros rollos esporádicos y después sus primeras relaciones más formales, a Sydney no le había pasado.

Siguió igual entre los veinte y los treinta, una época en la que todas las personas que se sentían atraídas por ella eran emocionalmente inaccesibles. Cuando se dio cuenta de que eso seguramente significaba que tenía un bloqueo que estaba alejando su manifestación, se esforzó por llegar a la raíz de su baja autoestima en lo que respectaba al amor y hacer el trabajo de desbloqueo. También empezó a actuar alineada con su yo auténtico en muchos aspectos de su vida. Aun así, no ocurrió nada.

Sydney también se puso a buscar ampliadores adicionales, sobre todo otras mujeres con relaciones que funcionaran. Como mujer negra que era, a ella le pareció importante encontrar a otras de la misma raza y trasfondo étnico que tuvieran relaciones en las que se sintieran amadas y cuidadas como ella quería. Las encontró en su zona, pero todas ellas formaban pareja con otras mujeres. A Sydney le atraían los hombres, pero no encontró ampliadores masculinos que le proporcionaran el conjunto completo de lo que ella quería encontrar en una pareja. Esa fue la primera pista de que la pieza que le faltaba era la ampliación.

Al analizar más en profundidad el matrimonio de sus padres, le quedó claro que su subconsciente no había ampliado más allá de ese tipo específico de relación. A veces, nuestro niño interior mira la dinámica que hay entre nuestros padres y piensa: «Su amor es precioso y funciona para ellos, pero no es lo que yo quiero de verdad». No sabemos qué otros tipos de relación sana que a nosotros nos parezca auténtica existen. No hemos visto para creer que eso es posible.

Eso fue justo lo que le pasó a Sydney. Sus padres estaban muy enamorados, pero su padre tenía mucho trabajo y su madre y él pasaban mucho tiempo separados. La madre de Sydney estaba en casa, cuidando sola de sus hermanos y de ella, además de tener que trabajar y a la vez estudiar para sacarse un máster.

A la niña interior de Sydney ese tipo de relación le parecía distante y solitaria, aunque para sus padres no lo fuera. En la edad adulta, Sydney quería una conexión profunda con una pareja que incluyera pasar un cierto tiempo juntos que no tuviera nada que ver con el trabajo y las presiones propias de criar una familia. Aunque su subconsciente había visto para creer que un matrimonio sano y lleno de amor era posible, no había ampliado suficiente para reconocer que el tipo concreto de dinámica de relación que ella quería se podía encontrar. Cuando llegó a entender que esa era la pieza que le faltaba, se centró en ampliar por completo su subconsciente, lo que la acercó un paso más a su manifestación.

Este es solo un ejemplo de cómo una pieza que falta es capaz de evitar que conectes con tu manifestación. No siempre es fácil identificar cuál es, pero hay pistas. Según vayas avanzando, no olvides este detalle y sigue activando los tres pilares. No dejes que uno de ellos se quede olvidado, aunque creas que ya has hecho todo el trabajo que necesitabas en ese aspecto. Mantener el triplete activado es la forma de manifestar la vida que más deseas.

PUNTOS CLAVE

- ✓ Los tres pilares del proceso de manifestación neural TBM (ampliar, desbloquear y actuar alineado con tu yo auténtico) deben estar activados al mismo tiempo para que tu manifestación se presente.
- ✓ Ampliar crea espacio, desbloquear elimina los bloqueos subconscientes y actuar alineado con tu yo auténtico demuestra que has aumentado tu nivel de autoestima.

✓ Si has estado trabajando en el programa y tu manifestación no se ha presentado todavía, significa que al menos uno de esos elementos esenciales no está activado. Falta una pieza.

MOMENTO MAGNÉTICO:
Descubre la pieza que te falta

Piensa en la manifestación en la que estás centrado para ver qué parte del proceso te falta.

¿Has ampliado suficiente?

- ¿El universo te está enviando ampliadores (de puente, fragmentarios y de envidia)?
- ¿Has tenido ya ese momento de confirmación en el que realmente ves para creer que lo que quieres es posible para ti?
- Si has contestado que no a alguna de las preguntas anteriores, ¿qué ampliación sigues necesitando?

¿Has desbloqueado suficiente?

- ¿Has podido responder a las pruebas con conductas de alta autoestima sin conformarte y has superado fácilmente sus detonantes emocionales?
- ¿De verdad has reflexionado y procesado los sentimientos y experiencias de tu niño interior en relación con el tema de tu

manifestación? ¿De verdad le has hecho saber que no pasa nada por conectar con ella?

- Si has respondido que no a alguna de las preguntas anteriores, ¿qué desbloqueo sigues necesitando?

¿Has actuado alineado con tu yo auténtico?

- ¿Has realizado todos los actos que crees que son necesarios para acercarte a tu manifestación?
- ¿Has atendido todas las alertas que has tenido en relación con tu manifestación?
- ¿Has superado el miedo que sabes que tienes que dejar atrás para conectar con tu manifestación?
- Si has respondido que no a alguna de las preguntas anteriores, ¿qué maneras de actuar alineado con tu yo auténtico te falta incorporar?

Analizando tus respuestas a estas preguntas, ¿cuál es la pieza que te falta? ¿Necesitas centrarte en desbloquear, ampliar o actuar alineado con tu yo auténtico? ¿O tal vez en varias? Cuando tengas las tres activadas, comprobarás que tus manifestaciones se presentan mucho más rápido.

11

Soportar la oscuridad mágica

Antes de abrir mi blog sobre estilo de vida holístico, es decir, antes de saltar al abismo y dejar mi trabajo a jornada completa en la guardería, me aseguré de tener todos los cabos atados. Ryan, mi pareja en aquel momento, trabajaba como free lance, y me había servido como un gran elemento ampliador a la hora de ver para creer que ese tipo de trabajo también era posible para mí. También había ahorrado y tenía mi «fondo para tus cosas», así que, cuando di el paso radical de saltar al abismo y dejar mi trabajo, me sentía llena de confianza.

Para llegar a fin de mes mientras el blog empezaba a rodar, decidí buscar trabajo como gestora de redes sociales free lance para una empresa local y también para alguna marca relacionada con el bienestar, bien elegida y que estuviera alineada con mis valores y mi misión personales. La marca Moon Juice entonces acababa de salir al mercado, y a mí me inspiró muchísimo la tienda y su propietaria, una mujer que solo tenía un año más que yo y que tampoco había ido a la universidad. Supe enseguida que podría ser un fuerte elemento ampliador para mí, mientras seguía trabajando en la creación de mi marca dentro del ámbito del bienestar.

Preparé una propuesta y se la envié a Moon Juice y a unas cuantas empresas más en línea con mis intereses. Después puse el trabajo con Moon Juice en mi lista de manifestación. Su equipo me respondió inmediatamente, diciendo que estaban interesados, pero que no podían tomar una decisión en aquel momento. El proceso se estancó. Pasó el tiempo y empecé a ponerme nerviosa porque mi «fondo para tus cosas» se estaba agotando, pero no se presentaba nada.

Entonces otra empresa a la que le había mandado la propuesta, y que era mi segunda opción, me ofreció trabajar con ella. Estaba desesperada. Solo quería aceptar un cliente como free lance mientras seguía trabajando en el blog, y con el que quería colaborar de verdad era con Moon Juice. Pero no podía rechazar la única oferta que tenía, porque necesitaba el dinero.

Intenté retrasar la respuesta, pero la otra empresa necesitaba que le dijera algo y desde Moon Juice seguían sin dar señales de vida. Lógicamente, lo que tenía más sentido para mí era decirle que sí a la otra posibilidad. Pero oía dentro de mí una voz muy fuerte que me decía que esperara a Moon Juice. Decidí escuchar esa alerta y confiar en que el trabajo que realmente quería al final me llegaría.

Volví a contactar con Moon Juice para decirles que tenía otro cliente esperando y que necesitaba saber si seguían interesados en contratar a alguien. Y entonces rechacé la otra oferta, aunque no había recibido aún su respuesta. Cuando di el temerario paso de decirle a esa empresa que no, llegó por fin el sí de Moon Juice. Así me convertí en su gestora de redes sociales free lance, un trabajo que fue muy positivo y un gran elemento ampliador para mí.

Esa experiencia me abrió los ojos en lo que respecta al periodo mágico, misterioso y a veces difícil que hay que pasar en ocasiones antes de que una manifestación se presente. Es el momento en que el universo quiere asegurarse de que confías plenamente en el proceso y que conoces del todo, al cien por cien, tu valor. A ese periodo lo llamo «la oscuridad mágica».

¿Qué es la oscuridad mágica?

La oscuridad mágica es un periodo energético por el que a veces (aunque no siempre) tienes que pasar después de haber trabajado de manera constante en el proceso de ampliar, desbloquear y actuar alineado con tu yo auténtico. Te estás mostrando más auténtico en cada parte de tu vida. Estás respondiendo a las pruebas con conductas de alta autoestima. Escuchas las alertas. Sientes que estás generando una gran energía. Tu gran manifestación está a la vuelta de la esquina. Casi la puedes tocar.

Pero entonces… se hace el silencio. Es como si las aguas se hubieran retirado, pero no te llega nada. No hay detonantes emocionales, no hay pruebas, no hay alertas. Nada. ¿Qué ha pasado?

En ese punto puedes empezar a perder la fe y a cuestionarte si crees de verdad en el proceso. Es posible que también te dejes arrastrar por la desesperación. Llevado por el pánico, te sentirás tentado de elegir soluciones que no están a la altura de tu autoestima, de volver a viejos hábitos o de conformarte de nuevo con una dinámica antigua. También puede que te arrepientas de haber saltado al abismo, o que estés considerando preguntar si sigue estando disponible para ti la solución fácil para esa última prueba (por ejemplo, una mala oferta de trabajo o una pareja que no está alineada contigo en absoluto).

Pero espera un momento. Antes de hacer nada de eso, recuerda que la hora más oscura es justo la que precede al amanecer. Tras mi experiencia con Moon Juice, me di cuenta de que ese periodo de tiempo especial, silencioso y, sí, también a veces aterrador, supone el momento de oscuridad antes de que llegue el amanecer de tu manifestación. Por eso lo llamo «la oscuridad mágica».

Piensa en esa oscuridad mágica como la prueba definitiva del universo antes de que tu manifestación se presente. Has llegado muy lejos y ahora te está preguntando: «¿De verdad sientes que te mereces lo que estás invocando? ¿Estás seguro al cien por cien de que no te vas a conformar con nada menos que eso? ¿Y confías de verdad en que te va a llegar justo lo que quieres?».

Este periodo de oscuridad mágica puede durar días, semanas o meses. No hay límite de tiempo, porque es la prueba incuestionable de confianza. Si eres capaz de seguir reivindicando tu valor y confiando en ti y en el universo durante ese periodo, con la seguridad de que algo grande está a punto de manifestarse, notarás que cambia la marea y que tus manifestaciones empiezan dar frutos.

Estos periodos son difíciles. Como son la prueba irrefutable de tu confianza y tu autoestima, suelen ser un detonante emocional que te abre las heridas más profundas para comprobar si están totalmente sanadas e integradas. Sí, el universo se quiere asegurar de que confías en él y no te vas a conformar, y para ello juega con alguno de tus mayores miedos. Sé que no parece nada divertido, pero la oscuridad mágica es una oportunidad de asegurarte de que solo vas a aceptar lo que está a la altura de lo que vales.

La oscuridad mágica también es una oportunidad para ver si estás realmente preparado para conectar con tu manifestación y, si no, para indicarte en qué necesitas trabajar más. A mí me encantan estos periodos justo por eso, porque sé que son una señal de que mi manifestación se está acercando. Así que me emociono cuando veo que las aguas se retiran y disfruto de ese tiempo de parón, porque sé que algo grande está a punto de llegar.

La prueba definitiva

Como la oscuridad mágica es básicamente una enorme prueba, en este caso se aplican las mismas reglas que en los demás. No puedes equivocarte y volver a los patrones antiguos, ni conformarte con menos de lo que te mereces. Tu manifestación no se va a ir a ninguna parte, pero, si estás dispuesto a conformarte en vez soportar ese periodo de oscuridad mágica y reivindicar tu valor, tardará más tiempo en dar frutos.

Veamos el ejemplo de Lucia, que estaba centrada en manifestar un nuevo trabajo. Del que tenía entonces le gustaba mucho todo, excepto su jefa, que era una persona totalmente tóxica. Lucia sabía que tenía que encontrar otro trabajo para proteger su salud mental.

Trabajó en los tres pilares del proceso: ampliar, desbloquear y actuar alineada con su yo auténtico. Tenía los tres activados. Y esperaba que le llegara un nuevo empleo antes de tener que dejar el actual, pero eso no ocurrió, y la conducta y las actitudes de su jefa se estaban poniendo peor cada día. Sabía que había llegado el momento de irse.

Para prepararse para saltar al abismo y dejar su trabajo, empezó a ahorrar parte de su salario semanal hasta que tuvo un «fondo para tus cosas» razonable. En ese momento, aunque su manifestación no se había presentado, dio el arriesgado paso de dejar su trabajo sin tener otro esperándola.

No dejó de solicitar empleo y respondió con alta autoestima a las oportunidades que reconoció inmediatamente que eran pruebas. Seguía desbloqueando, ampliando y actuando alineada con su yo más genuino mientras buscaba un trabajo alineado con su código auténtico. Atendía las alertas. Se sentía muy bien. Pero, de repente, todo se quedó paralizado.

No se dio cuenta, pero estaba inmersa en la oscuridad mágica. Pasaron varios meses. El «fondo para tus cosas» se le estaba agotando. Y, por mucho que quería confiar en que su manifestación estaba cerca, empezó a dejarse llevar por el pánico.

Un día, sin previo aviso, su antigua jefa la llamó. Quería contratar a alguien para un nuevo puesto, con más responsabilidades y mayor salario del que ella ganaba antes. Y Lucia se sintió muy confusa. El problema no era el salario anterior, sino su jefa, y tendría que seguir trabajando para ella si aceptaba la propuesta. Por otro lado, ese nuevo puesto sonaba interesante y ella necesitaba el dinero. Así que se convenció de que, como ese trabajo era de jerarquía superior, su jefa se comportaría mejor con ella esta vez.

Se decidió y aceptó el puesto. Pero a las pocas semanas se dio cuenta de que no era lo que quería. Su jefa seguía igual de tóxica que antes, o más. Sentía el estrés y la tensión en el cuerpo en cuanto se le acercaba. Entendió que se había conformado y que tenía que trabajar más en aumentar su autoestima subconsciente antes de conectar con su manifestación.

Se comprometió totalmente con el proceso otra vez. Trabajó mucho para desbloquear y seguir ampliando, mientras volvía a rellenar su «fondo para tus cosas». Cuando la conducta tóxica de su jefa empezó a molestarle cada vez menos, supo que había progresado mucho en su sanación. Pero eso no significaba que tuviera intención de quedarse a trabajar allí, sino que esta vez estaba verdaderamente preparada para conectar con su manifestación de manera total.

Cuando Lucia dejó su trabajo por segunda vez, la oportunidad correcta no tardó en llegar. Solo unas semanas después la llamó la responsable de contrataciones de una empresa en relación con un puesto que había solicitado tiempo atrás, durante su periodo de oscuridad mágica, y le dijo que la persona que habían contratado antes no había acabado de encajar y que quería saber si seguía interesada. Ella le aseguró que sí y al final resultó que era la candidata perfecta para ese puesto.

La ciencia que hay detrás de la oscuridad mágica

Ten en cuenta que el universo no te está obligando a soportar la oscuridad mágica para fastidiarte. Existe una razón científica para que exista. Ese periodo se da cuando se llega a un punto de inflexión en el que hay que pasar de una antigua vía neuronal de baja autoestima a una nueva vía de alta autoestima en lo que respecta a algo específico.

Tu manifestación será un éxito cuando la nueva vía neuronal se vuelva lo bastante fuerte para convertirse en la predeterminada para tu cerebro, no antes. Durante la oscuridad mágica de Lucia, su cerebro siguió reforzando y cambiando la nueva vía neuronal. Tras trabajar más en el proceso, esa nueva vía de mayor autoestima subconsciente ya era lo bastante fuerte para convertirse en la predeterminada, y entonces llegó su manifestación.

Por esa razón es probable que pases por la oscuridad mágica la primera vez que realices el proceso de manifestación, o en cualquier otra ocasión en que tu nivel de autoestima esté muy alejado de la manifestación específica que estás invocando. Cuanto más avances en tu trabajo, tendrás que enfrentarte a menos oscuridades, porque el salto entre tu autoestima y tu manifestación será mucho más pequeño. Si el salto es grande, seguramente experimentarás más pruebas durante tu oscuridad y esta será más larga.

La única excepción a esa regla es que haya un aspecto específico en el que te hayas conformado bastante en el pasado, o en el que tuvieras una autoestima extremadamente baja. Si manifiestas algo relacionado con ese aspecto, tu cerebro no pasará directamente a ver como predeterminada tu vía neuronal de alta autoestima, así que seguramente entrarás en una oscuridad mágica. Llevo tanto tiempo haciendo este trabajo, que ya solo experimento la oscuridad mágica cuando manifiesto algo que está en el límite de mi zona de confort y tengo que aumentar mi autoestima aún más para estar más alineada con ello. Y disfruto cuando eso ocurre, porque así puedo avanzar aún más en mi desarrollo.

¿ESTÁS EN UNA OSCURIDAD MÁGICA?

Ahí van algunas indicaciones de que estás en una oscuridad mágica:

- Tras desbloquear, ampliar y actuar alineado con tu yo auténtico, parece que no te llega nada.
- Las pruebas de oportunidad escasean y no se presenta ninguna manifestación.
- Has respondido a algunas pruebas importantes desde un lugar de alta autoestima, pero parece que se ha cerrado el grifo y se han retirado las aguas.
- Se te agota la paciencia y el «fondo para tus cosas» se está reduciendo por momentos.

Cómo manejar una oscuridad mágica

En momentos así, sentirás la tentación de tirar la toalla y conformarte con menos de lo que te mereces, pero reconocer que estás en una oscuridad mágica puede serte de gran ayuda. Si la manejas bien, tu manifestación estará justo a la vuelta de la esquina.

Siente todo lo que experimentes

El miedo, la ansiedad y la duda extrema son reacciones normales en este punto del proceso. Pero es importante que no te quedes encallado en ellas. Invierte tiempo en reflexionar sobre todas tus emociones y procesarlas. Asegúrate de descansar aún más, cuidarte y alimentarte adecuadamente, con productos que te hagan sentir bien. En este periodo tu cerebro tendrá que hacer mucho ejercicio.

Ríndete

Piensa que puede haber una razón por la que no has conectado con tu manifestación aún. Tal vez esta época de tu vida ha llegado para enseñarte algo, ayudarte a recuperar tu salud o proporcionarte claridad. Cuando la resistencia o la desesperación asomen, pregúntate cómo puedes rendirte a la experiencia y dejar que te enseñe algo. Recuerda que tu manifestación llegará en el momento preciso y al final todo tendrá sentido. También es importante que no dependas de esa manifestación para corroborar tu valor, ni para permitirte sentir una felicidad total.

Reconoce lo lejos que has llegado

Cuando estamos a punto de hacer un gran cambio, muchas veces se nos olvida dónde nos encontrábamos cuando empezamos. Es muy probable que, si estás en una oscuridad mágica, ya hayas evolucionado mucho y dejado atrás gran cantidad de cosas. Habrás reconectado con tu yo auténtico y elevado tu autoestima. Eso es algo increíblemente poderoso. ¿Qué pequeñas manifestaciones o situaciones curiosas se te han presentado ya? Si lo has hecho una vez, podrás hacerlo de nuevo. Y recordártelo reforzará tu músculo de la confianza para ayudarte a perseverar y aguantar este periodo.

Mantén los límites de tus manifestaciones

Es superimportante frenar la entrada de cosas que refuercen antiguas creencias limitantes. Esa categoría incluye las redes sociales, los programas de televisión y las películas, pero también las personas y los lugares. Asegúrate de que tus redes sociales (y cualquier otra cosa con la que te entretengas) sean siempre recursos de ampliación. Di que no a cualquier cosa o persona que te pida que traiciones tu autenticidad. Es fundamental, ahora más que nunca, que te aferres a esos límites que tanto te ha costado establecer.

Duplica la cantidad de felicidad

Durante este periodo apóyate en tu autenticidad y haz las cosas que te gustan de verdad. No se trata de eludir los sentimientos negativos, ese era el primer paso, sino de conectar profundamente con tu yo auténtico. Vuelve a tu código auténtico y permítete las cosas que te hacen feliz, te producen alegría y te provocan una sonrisa. Te ayudarán a recordar quién eres y lo que vales.

Trabaja en el triplete

Lo más importante que debes hacer durante la oscuridad mágica es seguir desbloqueando, ampliando y actuando alineado con tu yo auténtico. Cuando sientas un detonante emocional o tengas la tentación de conformarte, revisa tus sentimientos e intenta encontrar la raíz de las creencias limitantes. Además, sigue poniéndole límites a la gente que no entiende lo que pretendes hacer.

Aunque muchas personas creen en el beneficio de compartir sus objetivos con los demás, yo suelo evitarlo, sobre todo durante la oscuridad mágica. A veces la gente que quiere lo mejor para ti no entiende y no confía en este proceso de la misma forma que tú, y sus consejos y advertencias no te ayudarán en esta fase. Se trata de un periodo en el que todo queda entre el universo y tú, no cabe nadie más.

No descuides tus necesidades: considera hacer una manifestación intermedia

Si estás manifestando algo relacionado con el dinero o tu carrera y tu «fondo para tus cosas» se está acabando, es posible que necesites intentar una manifestación intermedia. Es una que no llega a ser todo lo que intentas conseguir, sino que se queda a medio camino entre donde estás ahora y donde quieres estar. No te preocupes, esto no es un fracaso, ni una forma de conformarse. Necesitar una manifestación intermedia solo significa que no has ampliado, desbloqueado, o ambas cosas, lo suficiente como para llegar a la manifestación completa. En este caso, utilizar una intermedia te va a servir para llegar a ella más rápido. Reconocer tus necesidades es una señal de alta autoestima. Optar por una manifestación intermedia es como dar un pequeño paso atrás antes de dar uno enorme hacia delante.

La oscuridad mágica versus el atasco versus tocar fondo

A veces, cuando la gente se entera de la existencia de la oscuridad mágica, piensan equivocadamente que están en esta fase, cuando en realidad a lo que se enfrentan es a un atasco o a un momento de tocar fondo. Estos tres periodos energéticos de la manifestación son muy distintos, aunque comparten ciertas similitudes. Todos se manifiestan como un punto bajo, en el que no está pasando nada, y también los tres crean mucho magnetismo cuando logras superarlos. Pero hace falta manejarlos de formas muy distintas, porque surgen energías diferentes en cada uno de ellos.

El atasco

Estás en un atasco cuando te parece que llevas cuatro meses o más sin parar de dar vueltas, como si estuvieras en la rueda de un hámster. Tu vida es como una batalla, siempre cuesta arriba, te falta motivación y has perdido claridad. Es casi como deambular sin rumbo. Incluso te estarás conformando con dinámicas y patrones antiguos que ya no te sirven. Durante la oscuridad mágica parece que todo está quieto, pero un atasco es como dar vueltas sin parar y sin ir a ninguna parte.

No hay que avergonzarse. Yo he experimentado muchos atascos en mi vida. Me he pasado años intentando tener éxito como actriz, pero eso no funcionaba, estaba atascada. A los veintitrés, después de sufrir la devastadora ruptura con mi amor de adolescencia y pasarme más de un año dejándome pisar por todos los tíos con los que salía, estuve en un atasco. Todos los que he tenido han sido dolorosos, pero, en retrospectiva, no los cambiaría por nada, porque cada uno de ellos me ha dado herramientas que me han ayudado a llegar a donde estoy hoy.

También para ti cada atasco que experimentes será un regalo que te va a servir a largo plazo. Cuando te veas en uno, entiende que es una señal de que estás alejado de tu yo auténtico y tu valor innato. Por eso la mejor forma de salir de él es reconectar con tu yo auténtico.

Empieza eliminando de tu vida cualquier cosa que no esté alineada contigo o que no te impulse hacia los cuatro pilares de tu código auténtico. Cuando empieces a librarte de hábitos, creencias limitantes o desequilibrios insanos que no están alineados contigo, que te hacen conformarte y actuar con baja autoestima, empezarás a salir del atasco y a acercarte a tu magnetismo. También estarás creando espacio para que se presenten tus manifestaciones. Si no tienes espacio en tu vida, o el que hay lo ocupan cosas que no están alineadas contigo, no hay sitio para las manifestaciones de alta autoestima que estás invocando.

Para que tu autoestima vaya en la dirección correcta, apóyate en desafíos que te inspiren y mantente alineado con tu código auténtico, sobre todo en relación con las cosas que te emocionan y a la vez te asustan. Te ayudará a sentirte más poderoso, resistente y capaz. Un recordatorio breve: los pensamientos y las conductas positivas no determinan la recompensa en tu vida; lo que sí que lo hace es vivir plenamente tu autenticidad con una alta autoestima subconsciente y sabiendo lo que te mereces. Utiliza los pensamientos «negativos» como mapa que te lleve a los lugares en los que todavía te sientes pequeño, donde tienes la autoestima baja, o donde no vives alineado con tu código auténtico.

Para salir del atasco, asegúrate de cuidar bien de tu mente, cuerpo y espíritu. Participa solo en cosas que apoyen tu autoestima y tu crecimiento. Eso incluye tu cuidado emocional y mental, tu salud física y tu actividad, tu apariencia (higiene, ropa, pelo, etc.), tus espacios (la casa, el coche, la mesa de trabajo o la oficina, etc.), tus prácticas espirituales y cómo eliges divertirte y pasar tu tiempo libre.

La actividad física puedes ser clave para sentirte poderoso, porque te ayuda a sacar las emociones y la energía fuera de tu cuerpo y tu cabeza. Recuerda hacer lo que más te gusta, no lo que crees que «deberías hacer». Esto último supone otra capa de programación. Tanto si te gusta el yoga, el senderismo, practicar tu deporte favorito, los entrenamientos de fuerza o solo bailar por la casa, haz lo que te sirva para sentirte más fuerte y más feliz.

Si sientes que estás en un profundo estado de depresión, la situación es muy diferente a la de encontrarte en un atasco energético. Si te ocurre eso, busca ayuda externa, ya sea de un terapeuta, de un grupo de apoyo o de cualquier otro profesional con el que te venga bien hablar.

MÁS EJEMPLOS ESPECÍFICOS DE ATASCOS

- Sales con la persona equivocada una y otra vez.
- No tienes claro cómo avanzar en tu carrera.
- Procrastinas o estás retrasando algo que sabes que necesitas hacer.
- Estás soltero y sin posibilidad de que esa situación cambie, pero querrías tener una pareja.
- Tienes hábitos perjudiciales y desconectas de la realidad y de tus emociones.
- Siempre te conformas con cosas, personas o experiencias que no te gustan en realidad.

Tocar fondo

Estarás tocando fondo cuando tu manifestación esté orbitando muy cerca de ti, pero no hayas aumentado tu autoestima lo bastante rápido para conectar con ella. En otras palabras, la manifestación está ahí para ti antes de que estés totalmente preparado para recibirla. Entonces el universo interviene y te obliga a prepararte, poniendo patas arriba tu trayectoria. A diferencia de la oscuridad mágica o el atasco, tocar fondo suele ser devastador.

Suena terrorífico, y muchas veces esa es la sensación que tienes, pero en realidad es precioso y especial, porque el universo está intentando empujarte hacia tu camino auténtico y tu valor para que puedas conectar con tu manifestación. Aunque te sientas como si se hubiera abierto el suelo debajo de tus pies, si manejas esta situación de forma consciente, te servirá para acelerar muchísimo tu proceso de manifestación.

Tocar fondo puede ser una ruptura sentimental repentina y muy dolorosa, un despido fulminante, una crisis financiera imprevista, sufrir *bullying* o acoso, o cualquier cosa que vivas como si te hubieran dado un puñetazo terrible e inesperado en la cabeza. Te sentirás impotente e inseguro, como si te acabaran de arrebatar todo lo que era importante para ti. Pero la verdad es que el universo te está ayudando. Seguramente te parecerá una locura, pero cuantas más veces toques fondo, más se reforzará tu músculo de la confianza y aprenderás que en muchas ocasiones las manifestaciones más grandes llegan precedidas por un momento muy doloroso.

El primer paso para manejar bien el momento de tocar fondo es reconocer esas circunstancias como una oportunidad para aumentar rápidamente tu autoestima. Te están impulsando hacia un nuevo nivel, así que necesitas tomar más medidas para conectar contigo, rodearte de apoyo y reavivar tu valor a través del autocuidado en todos los aspectos de tu vida. Tienes que esforzarte el doble para vivir auténticamente y acceder a tu valor.

Siempre que vas a pasar a otro nivel, es habitual (y necesario) que dejes atrás lo que ya no te sirve. Es natural dejar a un lado, o incluso perder para siempre, amistades, círculos sociales, trabajos y oportunidades que ya no están en consonancia contigo. Cuando eso ocurra, resiste. Te estará sirviendo para abrir un espacio para que se presenten tus manifestaciones.

Pon límite o saca de tu vida a las personas que no te apoyan, te tienen celos o te dejan sin energía. Tal vez tengas unos padres que no entienden lo que estás pasando, amigos que te decepcionan cuando más los necesitas, quizá veas constantemente en las redes sociales cosas que actúan de detonantes emocionales, o lleves ropa, uses objetos o consumas cosas que no reflejan tu valor. Necesitas eliminar o poner límite a todo eso en este periodo.

Aunque cuando toques fondo te sientas inseguro y te parezca que no eres tú mismo, confía en que estás descubriendo una versión aún más auténtica de ti mismo. Te están pidiendo que dupliques tu valor y profundices en tu autenticidad. No es momento de dudar de ella, ni de intentar encajar a la fuerza en un molde social solo porque no estás en tu mejor momento. Eso es una manera de encogerte y hacerte pequeño.

Cuanto más intentes ser algo que no eres, o comportarte de cierta forma para buscar aprobación, seguridad o amor, más te alejarás de tu valor auténtico y más tiempo durará tu temporada de tocar fondo. El universo te está pidiendo que seas brutalmente sincero con lo que hace que no sientas que estás alineado y que empieces a mostrarte con una autenticidad radical para que puedas conectar con algo grande. Confía en él.

PUNTOS CLAVE

✓ La oscuridad mágica es la prueba definitiva a la que te somete el universo antes de que se presente tu manifestación. Parece que no está pasando nada, pero el universo se está asegurando de que estás listo.

✓ Es más probable que experimentes una oscuridad mágica si es la primera vez que haces este trabajo o si tu manifestación está en el límite de tu zona de confort y hay una gran distancia entre ella y tu nivel anterior de autoestima.

✓ No confundas un atasco o tocar fondo con una oscuridad mágica. Un atasco es cuando has perdido la energía y la motivación y has desconectado de tu yo auténtico. Tocar fondo es cuando el universo te obliga a aumentar tu autoestima rápidamente para que llegues a estar alineado con tu manifestación.

MOMENTO MAGNÉTICO:
Hacer inventario en tu diario

La oscuridad mágica es el momento en que tienes que duplicar tu autenticidad. Si no estás en esa oscuridad, sáltate este momento magnético. Si lo estás, responde a estas preguntas en tu diario e intenta actuar con respecto a algunas de ellas esta misma semana.

- ¿Qué partes de tu día no te hacen sentir esa sensación de «claro que sí» ahora mismo? Repasa tu código auténtico. ¿Están alineadas con él? Si no lo están, ¿cómo puedes quitártelas de encima o cambiarlas para que estén alineadas con tu autenticidad?

- ¿En qué parte de tu vida necesitas unos límites para la manifestación más fuertes? Ejemplos: alejarte de ese amigo que no entiende lo que intentas manifestar, dejar de ver a gente en las redes sociales que te hace sentir pequeño, no volver a decir que sí cuando quieres decir que no, etcétera. ¿Cómo puedes establecer esos límites esta semana?

- ¿Qué hábitos o patrones perjudiciales y conductas paralizantes tienes? Ejemplos: revisar las redes sociales antes de irte a dormir aunque sabes que te van a mantener despierto, beber aunque no te vas a sentir bien después, etcétera. ¿Cómo puedes encontrar otra forma de gestionar la necesidad de apoyarte en esos hábitos perjudiciales?

12

Convertirte en lector de tus patrones

Durante los últimos años, según el programa TBM se ha ido expandiendo y he conseguido reunir al mejor equipo para apoyar el proyecto, una gran parte de mi negocio se ha basado en invertir en la bolsa y en activos inmobiliarios y también en remodelar casas. Ese trabajo me parece muy creativo y satisfactorio, es algo que Max y yo disfrutamos compartiendo y me resulta muy divertido. Pero cuando empecé en esta actividad, en 2018, empezó a surgir más o menos el mismo patrón una y otra vez.

Todos los contratistas que empleaba eran terribles, no los puedo calificar de otra manera. He tenido que soportar todos los estereotipos negativos del oficio: algunos han sido manipuladores y mentirosos, otros me han cobrado de más, y todos iban siempre muy retrasados con los plazos. Me resultaba muy frustrante y estresante que pasara esto siempre y que estas experiencias acabaran actuando en mí como detonantes emocionales.

Y lo que es peor, no solo terminé conformándome con esa dinámica imposible con los contratistas, sino que también me hice pequeña en mis interacciones con ellos. No era capaz de plantarme delante de ellos como sabía que exigía la situación. Llevaba cinco años inmersa en ese patrón cuando me di cuenta de que me estaba enfrentando a ese problema igual que como lo hacía en mi infancia.

Cuando era pequeña estaba cambiando constantemente de ambiente, y aprendí a ponerme diferentes máscaras sociales para encajar. E, inconscientemente, había estado haciendo lo mismo con los contratistas, para intentar conseguir que cumplieran un plazo o que respetaran un contrato. Pero no estaba siendo auténtica, y por eso no me funcionaba.

Al final decidí reflexionar sobre ese patrón y centrarme en hacer mucho desbloqueo relacionado con él. Tardé un tiempo, pero logré que esa dinámica actuara cada vez menos como detonante emocional. Por eso tenía muchas esperanzas cuando compramos una granja en Mendocino, California. Se trata de un pueblo relativamente pequeño, y la gente no hacía más que decirnos que allí no encontraríamos un buen contratista. No les hice caso y me centré en desbloquear y manifestar que apareciera uno estupendo. Y lo encontré.

Logré contactar con el equipo de construcción más maravilloso con el que he trabajado. Desde el primer día cumplieron los plazos, nunca me mintieron, e hicieron todo lo posible y más por hacer un trabajo de la mejor calidad en todos los aspectos. Nuestra relación fue fácil y estupenda. Me quedó claro que había roto un patrón. Y lo que es aún mejor: desde entonces no se ha repetido la dinámica que había experimentado con los contratistas anteriores.

A veces, para romper un patrón tienes que llegar energéticamente a un lugar en el que te niegues rotundamente a volver a soportar nunca más cierta dinámica. Esa es mi experiencia. Pero primero tienes que comprender qué patrón necesitas romper y por qué.

¿Qué son los patrones personales?

La génesis de todo este trabajo es buscar patrones. Cuando estaba reuniendo los elementos para explicar este proceso de manifestación, identifiqué unos cuantos patrones: cómo ciertos detonantes emocionales eran reminiscencias de mis recuerdos de infancia, los tipos de pruebas que surgían antes de una manifestación, cómo mis propios patrones de comportamiento me mantenían atascada y conformándome con dinámicas que ya no me servían, etcétera. Pero me hicieron falta años y miles de experiencias de los miembros del programa TBM para llegar a determinar cuáles de esos patrones eran universales, como, por ejemplo, las pruebas y las oscuridades mágicas, y cuáles eran únicos en mi proceso de manifestación individual. Ahora sé que, aunque el proceso de cómo manifestar es el mismo para todo el mundo, todos tenemos nuestro propio conjunto de patrones único. Hay diferentes tipos en lo que respecta a la manifestación. Normalmente experimentamos conductas, acontecimientos o situaciones predecibles antes de que se presente una. Sé cuándo una está a punto porque empiezan a aparecer esos patrones.

También podemos identificarlos en las dinámicas que surgen en nuestra vida, como mis experiencias con los contratistas. A veces los confundimos con detonantes emocionales que solo se dan una vez, pero casi nunca es así; esas dinámicas que actúan como detonante emocional nos señalan un bloqueo. Y muchas veces están más conectadas entre sí de lo que parece en un principio. Convertirte en lector de tus patrones significa aprender a encontrar el vínculo entre esas dinámicas. Cuanto mejor seas haciéndolo, más intuitivo será tu baile con el universo y te será más fácil personalizar para ti este proceso.

Es importante reconocer que estos patrones aparecen porque tienes mucho trabajo que hacer para aumentar tu autoestima subconsciente. Si no, podrías conectar con tu manifestación sin que aparecieran estas dinámicas. Para empezar a identificar tus patrones personales necesitas analizar lo que te ocurre, por qué y cuál es su raíz. ¿Cuál es el vínculo? Entonces verás con claridad lo que el universo intenta enseñarte y los pasos que necesitas dar para avanzar y conectar con tu manifestación.

Recuerda que nada aparece en tu vida por accidente. Tus patrones son espejos que están ahí para mostrarte lo que necesitas para aumentar tu autoestima subconsciente con el fin de que esté alineada con tu manifestación y conecte con tu yo auténtico, valioso y completo. Los patrones son siempre regalos, igual que los detonantes emocionales, que pueden forman parte de ellos. Esto se cumple siempre, incluso cuando te resulten incómodos. Son invitaciones a aumentar tu autoestima para que conectes con tu manifestación.

Aunque las dinámicas que aparecen en tu vida puedan parecer aleatorias y desconectadas, te prometo que no es cierto. Son todas parte de un patrón que te señala algo específico en tu subconsciente. Hay un vínculo que, si logras identificarlo y llegar a su raíz, te dirigirá hacia tu manifestación.

Parker es un buen ejemplo de cómo leer tus patrones para desbloquear y conectar con tu principal manifestación. Cuando empezó este trabajo, estaba manifestando un novio cariñoso y atento del que pudiera sentirse orgulloso, que fuera divertido, que se le diera bien escuchar y con el que pudiera construir una relación sana. Según fue avanzando, se dio cuenta de que tenía mucho que ampliar y desbloquear con respecto a las relaciones sanas entre hombres gais. Se había criado en Mississippi y había ido a un colegio religioso, donde le aseguraron que ser gay era un efecto secundario del narcisismo. Durante su trabajo con el programa TBM encontró ejemplos positivos de hombres gais con relaciones sanas que ampliaron su subconsciente. Se esforzó mucho por poner límites, actuar alineado con su yo auténtico y responder a las pruebas con alta autoestima.

Pero entonces apareció una dinámica repetitiva en la vida de Parker. A pesar de todo el trabajo que había hecho para poner límites, vio que tenía que enfrentarse a diferentes agresiones físicas por parte de los demás. Un hombre con el que salió una vez le dio una fuerte bofetada en la cara. Y poco después su jefe lo amenazó con asfixiarlo por haber cometido un pequeño error. Se esforzó por responder a esas dinámicas con alta autoestima. Le dijo a su jefe que ese comportamiento era inaceptable, dejó el trabajo y no volvió a ver nunca más al hombre de la bofetada. Pero también dedicó tiempo a buscar esos patrones durante sus DI y cuando escribía en su diario, para ver cuál podía ser el vínculo entre esas situaciones.

Al final Parker se dio cuenta de que esas dinámicas señalaban un bloqueo con respecto a sentirse seguro en una relación con otro hombre. Muchos hombres gais de las generaciones anteriores a la suya habían muerto durante la epidemia del sida. Además, ser gay en el sur de Estados Unidos puede resultar físicamente peligroso. La manifestación de Parker estaba orbitando a su alrededor, pero no podría conectar con ella hasta que él se desbloqueara por completo.

El patrón que estaba surgiendo le obligó a examinar en profundidad su miedo y a abordar el trabajo de desbloqueo necesario. Poco después de hacer todo esto conoció a su compañero, Brice, que tenía todo lo que había incluido en su lista, desde «una risa encantadora» hasta detalles que él sabía que se suponía que no debía incluir al elaborar su lista, como «unos ojos impresionantes». Parker y Brice ahora están felizmente casados y muy enamorados. Su relación es segura, ambos se apoyan mutuamente, e incluso los dos hacen el trabajo del programa TBM juntos.

Encontrar tus patrones actuales

Vamos a intentar encontrar tus patrones personales actuales.

Piensa en las tres manifestaciones principales que se han presentado en tu vida, tanto si las invocaste de forma consciente como inconsciente; puede ser un nuevo trabajo, una pareja, algo importante que has logrado en tu vida, un objetivo que has conseguido, etcétera. Haz una lista en tu diario. Al lado de cada una escribe lo que hiciste antes de que la manifestación se cumpliera. ¿Superaste un miedo? ¿Te enfrentaste a una situación complicada? ¿Le dijiste que no a una dinámica?

Después recuerda tres momentos de tocar fondo que hayas experimentado, esos en los que has sentido que se abría la tierra bajo tus pies y no has sido capaz de recuperar el equilibrio. Haz una lista en tu diario y apunta al lado el tema con el que estaban relacionados.

Pregúntate si había una creencia limitante o una herida fundamental relacionada con esos momentos de tocar fondo. Si es así, anótala en tu diario.

Al mirar tus respuestas, ¿detectas algún tema común en lo que pasa justo antes de tu manifestación? ¿O ves alguno relacionado con las formas en que surgen sistemáticamente las pruebas? Ese es tu patrón personal. Sigue prestando atención a esos patrones. Cuanto más familiares te resulten, más podrás convertirte en tu propio elemento ampliador. Eso te ayudará a reforzar tu músculo de la confianza y, por supuesto, también a seguir manifestando.

PUNTOS CLAVE

- ✓ Nuestros patrones personales son conductas, sucesos o situaciones predecibles que ocurren antes de que una manifestación se presente. Pueden aparecer en forma de pruebas, detonantes emocionales, ampliadores, bloqueos, alertas o temas y símbolos recurrentes.
- ✓ Esos patrones son espejos que te muestran dónde necesitas aumentar tu autoestima subconsciente para que esté alinea-

da con tu manifestación y conecte de nuevo con tu yo auténtico, valioso y completo.

- ✓ Ser consciente de tus patrones personales te ayudará a comprender tu práctica de manifestación única. Te dirigirá para detectar pruebas y detonantes emocionales más fácilmente y manejar con alta autoestima esas situaciones complicadas.

MOMENTO MAGNÉTICO:
Tu patrón personal en la vida real

Durante la próxima semana, detecta las pruebas y los detonantes emocionales que te van surgiendo. ¿Cuántos están relacionados con el tema que has identificado en tu proceso personal de encontrar patrones?

13

Reivindicar lo que vales y conseguir lo que te mereces

Después de mi trabajo en relación con los bloqueos que estaban evitando que mostrara al mundo a lo grande el proceso de manifestación neural, me senté a reflexionar y escribí un *post* sencillo para mi blog sobre mis pensamientos acerca de la manifestación. Al final incluí un enlace para reservar una sesión privada conmigo. No lo pensé mucho. Se me ocurrió que tal vez a alguien le interesaría hablar conmigo de ello y yo necesitaba dinero.

Estábamos a mediados de diciembre. En enero ya tenía la agenda llena para los siguientes tres meses.

Me quedé anonadada. No tenía ni idea de cuántas personas habían probado los procesos de manifestación de bypass espiritual, como había hecho yo durante muchos años, y estaban deseando encontrar una nueva perspectiva. A muchas les pareció que la idea de los ampliadores, las pruebas y los demás aspectos únicos de mi proceso tenían mucho sentido para ellas. Era un soplo de aire fresco que les permitía abandonar las formas de manifestación supersticiosas que no les habían funcionado.

No me esperaba esa respuesta, ni mucho menos, aunque debería, porque el universo me empujó a compartir esa nueva perspectiva sobre la manifestación. Pronto empezaron a llegar en avalancha los testimonios sobre cómo los lectores estaban conectando con sus manifestaciones. Aportar al mundo algo en lo que yo creía tan profundamente y que había cambiado mi vida por completo me produjo una sensación absolutamente increíble. Y ver el impacto que tenía en los demás fue especialmente satisfactorio.

El siguiente año fue un torbellino impresionante. Trabajaba con clientes privados, mantenía el blog y escribía un *post* sobre manifestación a la semana. Con tanta demanda de sesiones, empecé a dar talleres grupales presenciales en algunas ciudades como Los Ángeles, Nueva York y París. Entonces la prensa empezó a interesarse por mí y de repente vi que me hacían reservas con un año de antelación.

Pronto lectores que vivían en zonas a las que no iba a viajar con los talleres contactaron conmigo para preguntarme si había pensado hacer un taller virtual para enseñar el proceso de manifestación neural. Tras recibir esta petición varias veces, me di cuenta de que era el siguiente paso lógico. Contraté a un equipo para ayudarme a producir una versión digital en vídeo del taller, que titulé «Cómo manifestar». Cuando lo lancé, varios meses después, gané con él más dinero en un mes que en todo el año anterior. Poco después creamos Pathway Membership con todos nuestros talleres y pasé de ver a clientes en sesiones privadas a centrar toda mi energía en crear un contenido accesible y que tuviera un impacto sobre la mayor cantidad de gente posible.

Al mismo tiempo, mi vida personal también estaba en su mejor momento. Max y yo nos fuimos a vivir juntos y nos prometimos. Sentía que de repente todo estaba encajando a la perfección. Pero antes de que te enfades conmigo por alardear demasiado, déjame que te diga que hay una cosa que tengo muy clara: nada de todo esto ha sido una coincidencia. Tras pasarlo mal durante mucho tiempo, había accedido totalmente a mi autenticidad y mi valor y el universo solo estaba haciendo lo que suele hacer: conectarme con las manifestaciones que estaban alineadas conmigo.

Mis circunstancias externas eran un espejo que reflejaba mi autoestima subconsciente desbloqueada y ampliada. Eso no había cambiado. Así es como funciona y es justo lo que te puede pasar a ti también.

Pero hay un detalle fundamental: el proceso no se acaba nunca. Ninguno de nosotros llegará a estar del todo sanado, ampliado o desbloqueado en todos los aspectos. Yo actualmente me veo sometida a detonantes emocionales y pruebas cuando invoco algo que está fuera de mi zona de confort. Pero, en general, soy capaz de conectar con mis manifestaciones rápidamente, porque vivo total y verdaderamente alineada con mi yo auténtico. Según va pasando el tiempo me he vuelto más magnética tras reformular cada vez más antiguas vías neuronales de baja autoestima para convertirlas en de alta autoestima, mientras vivo plenamente en mi autenticidad. Y te prometo que todo esto también es posible en tu caso.

Conectar con tus manifestaciones

Ya tienes todas las herramientas para manifestar la vida que deseas, sin importar tu pasado, tu infancia o tus traumas anteriores. El tiempo que necesitará tu manifestación es un reflejo directo de cuánto has ampliado, desbloqueado y actuado alineado con tu yo auténtico. Insisto en que los tres pilares deben estar activados al mismo tiempo. Cuanto más practiques regularmente este trabajo, más fácil se volverá. No olvides que cambiar tus vías neuronal a otras de alta autoestima lleva tiempo, así que no tengas prisa durante el proceso. Date tiempo para integrarlo y ten paciencia contigo. Eso de «lento pero seguro» funciona de verdad.

¿ESTO ES UNA MANIFESTACIÓN O UNA PRUEBA?

Al principio es posible que te resulte difícil diferenciar entre una prueba y una manifestación. Estos son algunos de los indicadores más comunes de si lo que se te ha presentado es una manifestación o una prueba.

Cómo detectar una manifestación:

- Tienes esa sensación de «claro que sí».
- Te resulta fácil.
- Está alineado con tu código auténtico.
- Representa la esencia fundamental de todo lo que hay en tu lista
- Está alineado con una versión de alta autoestima de ti mismo.

Cómo detectar una prueba:

- Cuestiona un límite que te has puesto a ti mismo.
- Sientes vergüenza relacionada con ello.
- Incide en una inseguridad, una herida profunda o una sombra sobre la que necesitas trabajar.

Llevar registro de tus manifestaciones:

Cuando se presente una manifestación, pequeña o grande, asegúrate de apuntarla en tu diario.

- Utiliza una página específica de tu diario para tus manifestaciones. Escribe la fecha y exactamente cómo se han presentado.
- Para las manifestaciones grandes, registra paso por paso tu proceso. Así podrás consultarlo para gestionar manifestaciones futuras.

- Apunta la fecha en que hiciste tu lista.
- Anota la fecha en que se presentó tu manifestación.
- Haz una lista de los ampliadores más poderosos y de cualquier revelación relacionada con tu momento de confirmación.
- Haz una lista de los mayores bloqueos y creencias limitantes que has superado.
- Haz una lista de las principales pruebas que has pasado y de los detonantes emocionales a los que te has enfrentado.
- Haz una lista de las maneras esenciales en que has actuado alineado con tu yo auténtico (decir que no, atender las alertas, limpiar el espacio, saltar al abismo, poner un límite, etc.).

Basándote en las respuestas que has dado a las preguntas anteriores, ¿cuáles son las cosas que han tenido más impacto a la hora de conectarte con tu manifestación? Busca las que coincidan entre las diferentes manifestaciones que se te han presentado. Esos elementos también son parte de los patrones personales sobre los que hemos hablado en el capítulo anterior. Céntrate en ellos para avanzar en el proceso de conectar con tu manifestación más rápidamente.

Lo que vales versus lo que te mereces

Según te vas acercando a vivir plenamente en tu autenticidad y conectar con tus manifestaciones, empezarás a sentir no solo el valor que tienes, sino también que te mereces las cosas que quieres. A veces, cuando utilizo la expresión «lo que te mereces», la gente cree que me refiero a sentirte con derecho a algo, a considerarte mejor que los demás, a la convicción de que mereces más que ellos.

Pero no se trata de eso en absoluto. Sentir que tienes «lo que te mereces» significa que has conseguido una conexión energética completa entre tu autoestima y tu manifestación. Estás completamente ampliado y desbloqueado a este respecto. Y, como resultado, no solo crees que es posible para ti conectar con tu manifestación, sino que te sientes total y absolutamente merecedor de ella y, a un nivel profundo y esencial, sabes que puedes conseguirla.

Científicamente hablando, pasas de centrarte en lo que vales a en lo que mereces cuando una nueva vía neuronal de alta autoestima se convierte en lo predeterminado para tu cerebro. Es algo que no se puede fingir, y si no has llegado a eso todavía, no pasa nada. Lleva su tiempo que el cerebro haga el cambio.

Mientras, sigue trabajando con los tres pilares del proceso. Eso reforzará la nueva vía neuronal, tanto a nivel subconsciente (a través de las DI), como consciente (a través de actuar alineado con tu yo auténtico). Cuanto más uses y refuerces la nueva vía neuronal, la antigua se irá desactivando por la falta de uso. Con el tiempo, la nueva creencia se convertirá en la vía predeterminada de tu subconsciente. Cuando manifestamos desde nuestro subconsciente, tu realidad cambia de forma importante, proyectando un nuevo estado magnético. Si eso ocurre, sentirás internamente que algo encaja y sabrás que tu manifestación está fácilmente alineada contigo.

Pero ten en cuenta que, según avances con este trabajo y tus manifestaciones se vayan volviendo cada vez más grandes, podrás alcanzar lo que llamo el «techo de cristal energético», que representa nuestros límites subconscientes. Por muy lejos que hayamos llegado, seguimos creyendo subconscientemente que no podemos ir más allá.

Te prometo que es justo lo contrario. No hay límites en cuanto a lo que puedes manifestar. De hecho, lo único que puede limitaros a tu manifestación y a ti es tu nivel de autoestima subconsciente. Si crees que has llegado a un techo de cristal energético, te animo a que sigas trabajando en el proceso. Sigue ampliando, desbloqueando y actuando alineado con tu yo auténtico. Con el tiempo podrás romper ese techo, el que aparezca después, y el siguiente. Te mereces de verdad todo lo que deseas. Tu futuro es ilimitado y tú también.

Quiero compartir una historia más para mostrarte todo lo que se vuelve posible cuando accedes a lo que de verdad te mereces. Cuando Kat, a la que ahora todo el mundo conoce como Miss Excel, empezó a hacer este proceso, trabajaba en una consultoría empresarial y seguía viviendo con sus padres. Durante años había seguido el camino tradicional de universidad y carrera en el mundo empresarial, sin pararse a pensar en lo que quería de verdad. Incluso su lista de manifestación inicial reflejaba deseos rutinarios, como un ascenso o tener una casa cerca de la de sus padres en Long Island.

Cuando era niña, Kat sufría ansiedad. Era muy tímida, no le gustaba nada llamar la atención y sufría ansiedad por separación. Todo eso empeoró en el instituto, cuando dejó incluso de celebrar sus cumpleaños porque no le gustaba nada ser el centro de atención de los demás. Tampoco se sentía segura en su propio cuerpo.

Con su trabajo con el programa TBM, Kat empezó a darle a su niña interior los cuidados que necesitaba. También tuvo una gran revelación cuando recordó un momento de su infancia en que estaba cantando con un micrófono de juguete y dijo que quería ser una estrella de rock, a lo que su madre contestó: «Kat, hay muchas cosas que se te dan bien, pero cantar no es una de ellas». Aunque seguro que no lo dijo con mala intención, la niña interior de Kat se lo tomó como que no se merecía la atención, y esa creencia limitante la llevó a la timidez y el rechazo de esa atención. Con su trabajo de desbloqueo, Kat logró sanar en gran parte esa herida.

Según fue profundizando en el trabajo y reconectando cada vez más con su yo auténtico, se dio cuenta de que lo que realmente quería era independencia financiera, y empezó a centrarse en manifestarla. Decidió aceptar proyectos al margen de la empresa en la que trabajaba para complementar su sueldo. Luego estalló la pandemia y le llegó una alerta para que empezara a enseñar la gente a usar Excel en TikTok. Ya había creado un curso de formación de Excel en su trabajo, pero TikTok era demasiado público y tenía miedo de atraer mucha atención. Sufrió mucha resistencia interna, pero consiguió superarla. Al final dejó atrás el miedo y colgó sus primeros vídeos.

La reacción fue impresionante. Muchos de los vídeos de Kat se volvieron virales y sus seguidores enseguida empezaron a solicitarle cursos online. Se pidió dos semanas libres en el trabajo para crear uno y, en cuanto lo colgó en internet, ganó de forma pasiva más dinero en dos meses de lo que le pagaban en su otro trabajo. Saltó al abismo y dejó la empresa para centrarse totalmente en su carrera como creadora de contenido. En un año logró expandir su negocio hasta convertirlo en uno de siete cifras.

Ahora es nómada digital y su novio y ella han estado viajando y trabajando desde diferentes países. Cuando pasaron por Sedona, se enamoraron del lugar y supo que tenían que vivir allí. Es un lugar muy tranquilo y seguro y calmaba a su niña interior. El problema era que el mercado inmobiliario allí era increíblemente competitivo y muy caro. Pero eso no desanimó a Kat, que se centró en manifestar la casa de sus sueños.

Poco después fue a un retiro de yoga donde conoció a alguien que la animó a duplicar su presupuesto para la compra de la casa. Era un gran paso para ella, que nunca se había imaginado invirtiendo una cantidad tan alta. Pero esa persona amplió su subconsciente y en aquel momento ella sintió que de verdad se merecía su auténtica casa soñada. Así que se centró en esa nueva cifra.

No tardó en aparecer una casa absolutamente perfecta, y Kat y su novio acabaron comprándola por la cifra exacta en la que ella se había centrado. Y lo más sorprendente es que lo consiguieron a pesar de que había una oferta de otro comprador que superaba a la suya en quinientos mil dólares. Kat sabía en el fondo de su alma que esa casa tenía que ser suya y pudo conectar con la manifestación (y con otras muchas después) porque estaba alineada completamente a nivel energético.

En un año pasó de tener un trabajo en una empresa, que no le resultaba satisfactorio, y vivir con sus padres, a dirigir un negocio de siete cifras y tener la casa de sus sueños.

Ese tipo de trasformación te puede suceder a ti también.

PUNTOS CLAVE

- ✓ Sabrás que estás conectado con tu manifestación cuando tengas esa sensación de «claro que sí» y te parezca algo fácil, que está alineado con tu código auténtico, con la versión de alta autoestima de ti mismo y que representa la esencia fundamental de todo lo que hay en tu lista.
- ✓ Según vas avanzando en este proceso, pasarás de un estado de saber lo que vales a reconocer lo que mereces. Se produce cuando tu autoestima y tu manifestación tienen una conexión energética total.
- ✓ Cuando alcances un techo de cristal energético y sientas que has llegado a tu límite, sigue ampliando, desbloqueando y actuando alineado con tu yo auténtico y tu futuro será ilimitado.

MOMENTO MAGNÉTICO:
Reescribe tu historia

Saca tu diario y responde a estas preguntas:

- Piensa en la versión de ti mismo que existía antes de abrir este libro. ¿Cuáles eran las historias, los miedos o las creencias limitantes que te mantenían sintiéndote pequeño y que ahora estás dejando atrás? ¿Cómo asoman esos antiguos miedos y creencias limitantes en tus actos?
- Piensa en la versión de ti que ya ha manifestado lo que tienes en tu lista. ¿Desde qué historias y creencias empoderadoras ha surgido? ¿Cómo se muestran esas creencias empoderadoras en tus actos? (Pista: seguramente las respuestas a estas preguntas sean las opuestas a las anteriores).
- Estás mucho más cerca de la versión de ti que has manifestado en tu lista. Pero ¿hay una versión antigua aferrándose a alguna de esas creencias o actos obsoletos para intentar mantenerte a salvo?
- ¿Qué quiere decirle tu nueva versión a la antigua versión? Tal vez pueda ofrecerle consuelo, compasión o incluso comprensión sobre lo que creía que necesitaba mostrar en el pasado.
- ¿Hay algún elemento de la versión antigua de tu yo que te haga sentir empoderado y que quieras conservar en tu nueva versión? ¿Cuál?

Conclusión

Eres un elegido

Cuando miró atrás, a la vida que llevaba hace diez años, y la comparo con el camino que ha tomado mi vida ahora, aquello me resulta totalmente irreconocible. Evidentemente, las cosas más grandes y visibles son muy diferentes. He pasado de dejarme pisar por los hombres con los que salía a estar felizmente comprometida con mi compañero de vida. Y además hemos sido bendecidos con una familia preciosa. Tengo una carrera boyante e increíblemente significativa, y he alcanzado niveles de abundancia financiera que nunca me habría imaginado que eran posibles para mí.

Pero igual de importantes, o incluso más, son las cosas invisibles que hay en mi interior y que también son muy distintas. Los tipos de interacciones que antes actuaban en mí como detonantes emocionales, ahora me resbalan. Ya casi ni me doy cuenta. Mi relación con mi familia y mis amigos es más fuerte y satisfactoria, porque he puesto límites y verbalizado mi verdad. Y no vivo, ni manifiesto, desde un lugar de necesidad o inseguridad, ni desde las heridas de mi niña interior. Eso ha trasformado por completo cómo me siento conmigo misma y lo trasmito en todo lo que hago.

En definitiva, este trabajo ha cambiado mi vida por completo, porque me ha cambiado a mí. No, mejor dicho, no me ha cambiado: me ha ayudado a arrancarme las capas de programación, dolor y vergüenza que había ido acumulando a lo largo de los años y me ha devuelto a la hermosa esencia del alma de mi yo auténtico.

Tanto si ya estás también en este punto como si todavía no has llegado al fondo de este desarrollo, quiero darte las gracias por leer este libro y por llevar a cabo el proceso de manifestación neural. Si no lo has completado aún, no te agobies. Trabaja a tu ritmo. No se va a ir a ninguna parte y puedes volver a ello cuando quieras.

Cuando estés preparado, te recomiendo que, para empezar, realices el programa completo dos veces, con el fin de sumergirte por completo en el trabajo y hacer un cambio duradero. Después es muy importante que continúes repitiéndolo regularmente hasta que lo conozcas como la palma de tu mano. Cuando llegues a ese punto, reconocerás tus patrones. Sabrás inmediatamente lo que te sirve de detonante emocional y por qué, y qué necesitas hacer para superarlo. Reconocerás las pruebas y serás capaz de responder al instante desde un lugar de alta autoestima. Estarás profundamente en contacto con tu intuición y podrás seguirla y conectar rápidamente con tus manifestaciones.

Todo esto es parte de tu baile con el universo. E, igual que con un baile de verdad, querrás desarrollar una memoria muscular, es decir, un conocimiento que esté tan profundamente arraigado que se convierta en algo natural para ti. Hasta que llegues a ese punto y conozcas este proceso en profundidad y de forma intuitiva, repasa este material siempre que lo necesites.

Ya eres parte de una comunidad con miles de personas que han manifestado con éxito sus deseos. Asegúrate de aprovechar los valiosos recursos que te ofrece. Visita nuestra comunidad online, escucha los episodios sobre el proceso en nuestro pódcast *Expanded* y lee testimonios en nuestra página tobemagnetic.com para recibir ampliación por parte de los demás y aprender las cosas que les están funcionando a otros miembros.

Los testimonios también te proporcionarán una maravillosa confirmación de que puedes manifestar sin importar de dónde vengas, lo que hayas experimentado o cómo te identifiques. Todo el mundo tiene la capacidad de sustituir las antiguas vías neuronales y cambiar su cerebro para que funcione desde un lugar de alta autoestima. Me resulta muy inspirador saber que, sea cual sea el estado en el que empieces hoy, puedes manifestar. Y punto.

Si quieres profundizar aún más en este trabajo, considera unirte a Pathway Membership, lo que te dará acceso a todo nuestro contenido online: nuestra biblioteca completa, con docenas de DI y talleres específicos con los que podrás profundizar en los detalles del trabajo con tu niño interior o para integrar tu sombra, poner límites, soportar las oscuridades mágicas y los atascos, y mucho más.

Para finalizar quiero hablarte de unas cuantas cosas que me parecen muy importantes.

Primero, que no manifestamos desde nuestros pensamientos. Seguro que a estas alturas ya estás harto de leer esto. Bien. Quiero que estés tan cansado de oírlo que nunca más permitas que una superstición te vuelva complaciente y te deje estancado, como lo estuve yo durante muchos años. Me siento agradecida por todo lo que he soportado; de lo contrario, no tendrías delante este proceso, pero no quiero que tú tengas que pasar por lo mismo.

Segundo, debes saber que no deberías intentar acelerar tu proceso. Es mucho más importante que domines cada uno de los pasos que ir tachando cosas de la lista. Te ayudará a conocer tus propios patrones personales y lo que funciona mejor para ti. Cuanto más tiempo inviertas ahora para dominar este trabajo, más rápido podrás manifestar después.

Recuerda que crear nuevas vías neuronales requiere repetición e intensidad emocional. Cuanto más repitas este trabajo, más fuertes crecerán tus nuevas vías neuronales. La parte de la intensidad emocional significa que tienes que sentir para sanar. Hacerlo todo demasiado rápido o a medias no funciona.

Lo entiendo. Recuerdo cuando empecé a pensar en este proceso y solo quería con todas mis fuerzas que llegara mi manifestación. No siempre tenía la disciplina o la paciencia para sumergirme completamente y trabajar en todos los aspectos del proceso. Pero era lo que necesitaba de verdad. Poner toda tu atención en cada una de las fases puede parecer largo y tedioso, pero te prometo que acelerará tus manifestaciones a largo plazo. Considera el tiempo que le dediques como una inversión.

Confía en que tu manifestación va a llegar. Vas a conectar con ella. Todo el trabajo que has hecho en el proceso es como la pieza de un puzle. Al final se unirán todas y revelarán la preciosa imagen que resulte tras conseguir todo lo que quieres en la vida. Motívate con esa imagen cuando sientas que te falta la energía. Imagínate ese bonito puzle sin una pieza. Puedes elegir ser complaciente o mostrar tu yo auténtico y llenar ese espacio vacío.

Sigue trabajando en el proceso de ampliar, desbloquear y actuar alineado con tu yo auténtico. Recuerda que todos los pilares tienen que estar activados al mismo tiempo. Y no olvides que, aunque ahora mismo te parezca demasiada información, en realidad es muy sencillo. Se limita a esos tres pasos. Y cuanto más los repitas, más fácil e intuitivo te parecerá todo.

Comprométete a estar satisfecho con el punto del viaje en el que estés. Ahora mismo, lo más importante que necesitas recordar es cuánto vales, y lo fundamental que es que no te conformes con nada menos de lo que mereces. No importa lo que te haya llevado al lugar en el que estás ahora, no estás roto. Estás completo y mereces y puedes manifestar cualquier cosa, incluso todo lo que quieres de verdad.

De hecho, eres el elegido. Todos somos elegidos que merecemos todo lo que nuestra auténtica esencia fundamental manifiesta en el plano físico. Es hora de tenerlo. Ya cuentas con las herramientas que necesitas para manifestar todo lo que deseas. Controlas el proceso. Por eso estoy muy emocionada por ti y muy feliz de darte la bienvenida a nuestra comunidad.

MOMENTO MAGNÉTICO:
Valórate

Estás trasformando los patrones de baja autoestima que adquiriste en tu infancia para mantenerte seguro en otros de alta autoestima que te ayuden a recuperar el yo completo, valioso y auténtico con el que naciste y con el que mereces conectar en tu vida. Es un trabajo hermoso e importante. Valórate eligiendo mostrarte de esta forma.

Cierra los ojos, coloca una mano sobre el corazón y la otra en el vientre y respira hondo varias veces. Conecta con el límite de tu crecimiento, que es la tensión entre quien eras antes y en quien te estás convirtiendo. Permítete tener compasión y amor por las dos versiones de ti.

Recuerda que te mereces todas y cada una de las manifestaciones que estás invocando y que ya cuentas con las herramientas para hacer realidad tu vida soñada. Y, por último, dedícate un agradecimiento desde lo más profundo de tu corazón por haber elegido a tu yo auténtico hoy y todos los días en los que vas a seguir avanzando.

Agradecimientos

Estoy profundamente agradecida a todas las personas que han contribuido con su talento, su tiempo, su duro trabajo y su pasión a ayudarme a crear este libro. Quiero dedicarles un agradecimiento especial a Jessica Gill, Allison Carr y a todo el equipo del programa TBM, que ha tenido un papel fundamental en darle forma a esta obra para enseñársela al mundo y cambiar miles de vidas.

Gracias, Max, por ser mi compañero y mi mayor apoyo. Cuando llevaba solo tres semanas saliendo con él, le dije que entendía la manifestación de una forma diferente a la del resto del mundo y le pregunté si le parecería raro que escribiera públicamente sobre ello, y él me contestó: «Eso es increíble. ¡Tienes que hacerlo!».

Le doy las gracias a mi madre, que es la médium con más talento que he conocido, y al largo linaje de brujas que hay en nuestra familia y que me han concedido tantos dones. Esta obra no se habría podido escribir sin vosotras. Y gracias a mi padre por ser uno de mis primeros ampliadores y mostrarme que es posible vivir fuera de los límites de la programación de la sociedad y seguir mis sueños.

He tenido a mi lado en todo el proceso de conceptualización, escritura y publicación de este libro a un equipo editorial de lo más maravilloso. Gracias a Meg Thompson por creer en el libro desde el principio y por reunir al equipo perfecto. A Amy Sun por tu visión, tu forma de creer en el material y todo el trabajo duro que ha hecho que este libro sea lo más impactante posible. Gracias también a Isabelle Alexander por tus valiosas opiniones. Y a todo el equipo de Penguin Life, especialmente a Brian Tart, Meg Leder, Nick Michal, Logan Hill, Tess Espinoza, Madeline Rohlin, Angelina Krahn, Chris Chin, Emily Allison, Jason Ramirez, Colin Webber, Christina Nguyen, Kate Stark, Mary Stone, Rebecca Marsh, Julia Falkner y Chantal Canales.

Y, por último, pero no menos importante, gracias a mi compañera en la escritura, Jodi Lipper, que ha utilizado sus tremendos dones para que los conceptos y las prácticas del programa TBM cobren vida de una forma tan hermosa en estas páginas.